Michael Wetzel/Gunter Lasch

Die Kaufmannsfamilie Höckner

Biographische und stadtgeschichtliche Porträts

aus dem barocken Stollberg

Stollberg 2010

Zum Geleit

St.-Jakobi-Kirchgemeinde und Stadt Stollberg
Wege der Versöhnung in Geschichte und Geschichten

Wir feiern den 400. Geburtstag von Ernst Höckner und laden ein, Gott zu entdecken, der nach den Verwüstungen des Dreißigjährigen Krieges aus Wegen der Zerstörung Wege der Versöhnung eröffnet hat.
Wir danken Gott, dass er uns den Historiker und Theologen Dr. phil. Michael Wetzel und den Familien- und Heimatforscher Gunter Lasch für die Erstellung des Buches hat finden lassen.
Im Auftrag der St.-Jakobi-Kirchgemeinde und der Stadt Stollberg zeichnen beide Autoren ein differenziertes Bild des Lebens in Stollberg im 17. Jahrhundert. Geschichte und Geschichten, die bisher in den Archiven schlummerten, werden so wieder lebendig.

Wir danken Gott für sein versöhnendes Handeln. Im Buch wird deutlich, dass das Zusammenwirken von Kirche, Rathaus, Handwerk und Bürgerschaft die wichtigste Voraussetzung für den Wiederaufbau nach dem Dreißigjährigen Krieg gewesen ist. Weitere Veröffentlichungen zur Stadtgeschichte sind für das 19. und 20. Jahrhundert geplant und werden vermutlich zeigen, dass das fehlende Zusammenwirken der vier städtischen Säulen gravierende Folgen für die Stadt Stollberg hatte.

Wir danken Gott für Vorbilder auf den Wegen der Versöhnung so wie sie uns in dem 1610 geborenen Ratsherrn, Gewerbetreibenden und Leiter des Wiederaufbaus der Jakobi-Kirche Ernst Höckner und weiteren Familiengliedern begegnen. Im vorliegenden Buch von Kirche und Stadt wird erstmals detailliert und familienhistorisch beleuchtet, wie acht Generationen der Familie Höckner die Stadt Stollberg nachhaltig geprägt haben. Am 18. September 2010 erwarten wir in der St.-Jakobi-Kirche Nachfahren der Höckner-Familie zur Vorstellung des Buches. Wir danken Gott für die Wege der Versöhnung, die er die St.-Jakobi-Kirchgemeinde und die Stadt Stollberg geführt hat. Dieses Buch macht deutlich, dass die heutige Zusammenarbeit zwischen Stadt und Kirche sowohl auf Bewährtes zurückgreift als auch Neuland betritt.

Ich wünsche diesem Buch viele interessierte Leserinnen und Leser, unserer Stadt und unserer Kirchgemeinde und den ihr verbundenen Menschen Gottes Geleit.

Pfarrer Andreas Dohrn   Stollberg, im August 2010

Vorwort

Ein Wort herzlichen Dankes gilt all denjenigen, die am Zustandekommen dieses Buches beteiligt waren. Dass nach der Festschrift anlässlich des 350. Weihejubiläums der Jakobikirche (2009) schon im darauffolgenden Jahr eine neue Publikation zur Stollberger Stadt- und Kirchengeschichte erscheinen kann, ist der bereitwilligen Aufnahme und großzügigen finanziellen Unterstützung durch die Stadt Stollberg und die Kirchgemeinde St. Jakobi zu verdanken. Herr Oberbürgermeister Marcel Schmidt und Herr Pfarrer Andreas Dohrn seien stellvertretend für diese Institutionen hier namentlich genannt.

Unser Dank gilt ferner Frau Petra Epperlein vom Kreisarchiv Stollberg, die in freundlicher und unkomplizierter Weise die Erschließung des Quellenmaterials unterstützte. Dies trifft auch auf Frau Heike Rockstroh und Frau Christine Zeiler von der Pfarramtskanzlei St. Jakobi zu. Die Möglichkeit des Quellenstudiums in den Staatsarchiven Altenburg und Chemnitz, der Ratsschulbibliothek in Zwickau und digital bereitgestellte Daten durch die Herzog August Bibliothek in Wolfenbüttel werden dankbar erwähnt. Viele genealogische Informationen zur Familie Höckner wären ohne die Unterstützung von Herrn Ulrich Höckner aus Bargischow bei Anklam und Herrn Peter Reinhardt aus Zwönitz unbekannt geblieben. Die freundliche Gewähr von Einzelauskünften, häufig spontan vor Ort angefragt, wird in den Anmerkungen zum Text gewürdigt. Für die Bereitstellung aktueller Fotografien ist Frau Katja Wetzel aus Zwönitz herzlich zu danken. Schließlich gilt unsere Anerkennung dem Verlag Mike Rockstroh, Aue, für die gute und bewährte Zusammenarbeit.

Zwönitz im August 2010   M. Wetzel/G. Lasch

Inhalt

MICHAEL WETZEL

Zur Einführung

Das 17. Jahrhundert gilt in der sächsischen Landesgeschichtsforschung gemeinhin als ein Zeitalter der Krise. Der Dreißigjährige Krieg (1618-1648) wurde zum Signum einer ganzen Epoche, nicht zuletzt deshalb, weil seine verheerenden Auswirkungen noch in der Zeit um 1700 spürbar waren. Dennoch greift es zu kurz, wenn man das Jahrhundert lediglich unter den Begriffen *Erschütterung* und *Zerstörung* verstehen will. Denn dem Kriegsgeschehen folgte eine kollektive Wiederaufbauleistung, die den wirtschaftlichen und kulturellen Aufschwung im ersten Drittel des 18. Jahrhunderts, also der Zeit Augusts des Starken, vorbereiten half.[1]

Was für Sachsen im allgemeinen gilt, trifft auf Stollberg im besonderen zu. Als der Dreißigjährige Krieg 1618 begann, schienen die Kriegsereignisse weit weg von der Stadt. Doch das änderte sich bald, und wie so oft in der Geschichte machte der Krieg die Aufbauerfolge mehrerer Generationen binnen kurzer Zeit zunichte. Für die Stollberger Bürgerschaft bedeuteten die Jahre 1633 bis 1648 den Weg in eine Katastrophe bislang unbekannten Ausmaßes. Doch die weitreichende Zerstörung und Verelendung schuf eine Leidensgemeinschaft, aus der heraus Neubeginn und Wiederaufbau erwuchsen. So hat gerade das Zeitalter der Krise Persönlichkeiten hervorgebracht, denen die Stadt Stollberg vieles verdankt, weil ohne ihren Mut, ihre Entschlossenheit und ihre Tatkraft die Kriegsfolgenüberwindung kaum so erfolgreich hätte verlaufen können.

Eine dieser Persönlichkeiten ist der Kaufmann, Ratsherr und Stadtrichter Johann Ernst Höckner (1610-1669). Der Nachwelt ist er vor allem durch das Höckner-Epitaph in der Stollberger Stadtkirche St. Jakobi im Gedächtnis geblieben, das ihn und seine Ehefrau überlebensgroß abbildet. Allerdings haben sich sowohl heimatkundliche Studien als auch die Forschungsliteratur bislang weit stärker den kunstgeschichtlichen Aspekten der Höckner-Darstellung gewidmet, während Leben und Werk des bedeutenden Stollbergers von untergeordnetem Interesse blieben. Die Kenntnis seiner Biographie erschöpfte sich denn auch in den wenigen Fakten, die man über seine Rolle bei der Abwehr von Kriegsgefahren und beim Wiederaufbau der Jakobikirche zusammengetragen und zumeist anekdotenhaft dargestellt hat. Eine kritische, quellenfundierte Würdigung Johann Ernst Höckners stand bisher aus.

Um sie geht es in diesem Buch.

Dabei machten die methodischen Vorüberlegungen zu einer Höckner-Biographie sehr schnell deutlich, daß die Lebensleistung Höckners nur dann richtig eingeordnet und verstanden werden kann, wenn die Zeitverhältnisse, in denen er lebte, sein gesellschaftliches Umfeld und seine sozialen Beziehungsgeflechte, sprich seine Familie und seine Weggefährten, mit in die Darstellung Eingang finden. Dies wiederum gab Anlaß, von einer alleinigen Konzentration auf Johann Ernst Höckner Abstand zu nehmen und stattdessen den Rahmen des Buches auf grundsätzliche Kennzeichen der Stollberger Stadtgeschichte des 17. Jahrhunderts und auch auf die Höcknersche Familiengeschichte jener Zeit insgesamt auszuweiten. Denn nicht nur Johann Ernst Höckner selbst, sondern auch seine Vorfahren und Nachkommen haben für ihre (Wahl-) Heimat vieles geleistet.

Auf Vorarbeiten konnten sich die Verfasser nur insofern stützen, als zu Einzelaspekten der Stollberger Stadtgeschichte einige wenige, noch dazu qualitativ sehr unterschiedliche Publikationen vorliegen.[2] Eine Stadtchronik, wie sie die namhaften erzgebirgischen Geschichtsschreiber Christian Lehmann (1611-1688) für Scheibenberg, Christian Meltzer (1655-1733) für Schneeberg, Johann Christian Engelschall (1675-1749) für Johanngeorgenstadt und andere verfaßt haben, liegt für Stollberg nicht vor.[3] Die bislang umfassendste Darstellung zur Stollberger Geschichte ist sekundärer Art. Sie stammt von Friedrich Schmidt und wurde von 1976 bis 1978 als Fortsetzungsserie im „Heimatfreund für das Erzgebirge" abgedruckt.[4] Auf dem damaligen Stand ist die Forschung bis heute im wesentlichen stehen geblieben, sieht man einmal von der 2009 erschienenen Festschrift zum 350. Weihejubiläum der Jakobikirche[5] ab, die sich als neuer Impulsgeber für die Stadtgeschichtsforschung versteht, und die zumindest mittelbar auch zur „Wiederentdeckung" Johann Ernst Höckners beigetragen hat.

Dieser dürftige Befund machte es unumgänglich, sich dem Thema durch umfassende Quellenstudien zu nähern. Eine Fülle an genealogischem und biographischem Material boten Kirchenbücher und Leichenpredigten, die in

---

1   Vgl. Uwe Schirmer (Hg.), Sachsen im 17. Jahrhundert. Krise, Krieg und Neubeginn, Beucha 1998.

2   Auf die einschlägigen Arbeiten zu bestimmten Themenkomplexen verweisen die Anmerkungen in den einzelnen Beiträgen dieses Buches.

3   Dazu neuerdings mit einem Überblick über die erzgebirgische Chronistik: Helmut Bräuer, Stadtchronistik und städtische Gesellschaft. Über die Widerspiegelung sozialer Strukturen in der obersächsisch-lausitzischen Stadtchronistik der frühen Neuzeit, Leipzig 2009.

4   Friedrich Schmidt, Zur Geschichte der Erzgebirgsstadt Stollberg, Fortsetzungsserie, Teil I-XXXI, in: Heimatfreund für das Erzgebirge, 1976-1978.

5   Michael Wetzel, St. Jakobi Stollberg 1659-2009. Festschrift zum 350jährigen Kirchweihjubiläum, Stollberg 2009.

teils aufwendiger Suche ermittelt werden mußten. Darüber hinaus fand die Aktenüberlieferung der städtischen Verwaltung (Ratsrechnungen, Nachlaßakten, Gerichtsbücher) und des Amtes Stollberg Verwendung. Die genannten Archivalien verwahren heute das Sächsische Staatsarchiv Chemnitz und das Kreisarchiv Stollberg als Zweigbereich des Kreisarchivs für den Erzgebirgskreis.

Auf dieser Grundlage ist ein vielschichtiges Porträt der Familie Höckner und ihrer Zeit entstanden. Der erste Beitrag in diesem Buch beschäftigt sich mit den Rahmenbedingungen, die Johann Ernst Höckner für sein Wirken durch die Ereignisgeschichte und die Funktionsmechanismen der öffentlichen Ordnung im Stollberg des 17. Jahrhunderts gesetzt waren. Bekannte Fakten und neue Forschungsergebnisse werden zu einem Stadtporträt verknüpft, das die stets präsente Spannung zwischen bewegten, ja turbulenten Zeitverhältnissen einerseits und einem bemerkenswerten Beharrungsvermögen der inneren Strukturen eines Gemeinwesens andererseits zeigt. Beide Pole dieses Spannungsfeldes haben Höckner und seinen Zeitgenossen je eigene Möglichkeiten und Grenzen ihres Wirkens vorgegeben.

Der zweite und dritte Beitrag wählen den familiengeschichtlichen Blinkwinkel. Akribisch gehen sie all den Spuren nach, die die Familie Höckner seit ihrem ersten Auftreten in Stollberg im 16. Jahrhundert hier hinterlassen hat. Ein Schwerpunkt der Darstellung liegt darin, die sozialen Beziehungsgeflechte innerhalb des gehobenen Stollberger Bürgertums aufzudecken und die fruchtbaren Verbindungen zwischen weltlicher und geistlicher Repräsentanz sowie den Wirtschaftseliten der Stadt herauszuarbeiten. Indem der Verfasser dieser Beiträge den Bogen bis in die Moderne schlägt, werden familiengeschichtliche Entwicklungslinien deutlich, die weit über Stollberg hinausgehen. Nicht zuletzt soll der hier aufbereitete Datenbestand helfen, diese oder jene Lücke in bestehenden Genealogien auszufüllen, insbesondere jedoch soll er dazu dienen, neue familiengeschichtliche Verbindungen zu erschließen und damit sowohl aus dieser Sicht als auch generell die weitere Stollberger Geschichtsforschung befördern.

Einen kunstgeschichtlichen Zugang zum Thema vollzieht der abschließende Beitrag, indem er über das zum ehrenden Gedächtnis Johann Ernst Höckners errichtete Epitaph und seine Geschichte reflektiert. Da der für diesen Abschnitt vorgesehene Autor seine Studie aus verschiedenen Gründen nicht liefern konnte, mußte der Beitrag anders als geplant in recht verkürzter Form und unter Verwendung bereits vorliegender kunstgeschichtlicher Beschreibungen erarbeitet werden. Der Text greift in gewissem Umfang ebenfalls auf Bekanntes zurück, läßt aber auch die bislang vernachlässigte Frage, wie ausgerechnet in den schweren Jahrzehnten nach dem Dreißigjährigen Krieg das heute bedeutendste sakrale Kunstwerk Stollbergs entstehen konnte, nicht außer acht.

Allen Studien ist gemeinsam, daß sie die kleinstädtische Gesellschaft Stollbergs als ein organisches Ganzes verstehen, das entscheidend von den Beziehungen zwischen den einzelnen Gruppen und Institutionen des Gemeinwesens geprägt wird. Diese Beziehungen finden ihre Kristallisationspunkte in Persönlichkeiten wie Johann Ernst Höckner, die als Bindeglieder zwischen Rathaus, Kirche, Handwerksinnung und Bürgerschaft fungierten. Denn nicht der Klassengegensatz, wie ihn marxistische Historiker propagieren, sondern das gedeihliche Zusammenwirken verschiedener gesellschaftlicher Kräfte – so die These des Buches – vermochte die Kräfte zu entfalten, die zur Überwindung der Kriegskatastrophe, zu Neubeginn und Wiederaufbau nötig waren. Nicht immer ist das praktiziert worden, auch nicht im Stollberg des 17. Jahrhunderts. Die Folgen blieben dann freilich nicht aus. Denn wo eine oder mehrere der angesprochenen vier Institutionen in einen Gegensatz zu den anderen „Säulen" des Gemeinwesens gerieten, da stagnierte auch die Stadtentwicklung.

In konsequenter Verpflichtung auf den Gemeinsinn jedenfalls haben Johann Ernst Höckner und seine Familie zum Wohl ihrer Stadt gewirkt. Nichts wäre unangemessener, als ihn einseitig zum „Kriegsgewinnler" oder rücksichtslosen Vertreter der Stollberger Wirtschaftselite zu erklären. Gewiß hat Höckner den sozialen Vorzugsrang seines Standes in Abgrenzung zu den minder privilegierten Bevölkerungsteilen nie in Frage gestellt. Aber er wußte, daß daraus auch eine besondere Verantwortung erwuchs. Dieser Verantwortung hat er sich selbst in schwerer Zeit gestellt, und deshalb nimmt er zurecht einen geachteten Platz im Kreis der herausragenden Persönlichkeiten Stollbergs ein.

Michael Wetzel

Stollberg im 17. Jahrhundert – ein stadtgeschichtliches Porträt

1. Die Stadt und ihr Schicksal

Aufschwung und Blütezeit

Das erste Auftreten der Familie Höckner in Stollberg im Jahr 1592 fällt in die bis dahin größte Blütezeit der Stadt. Der wirtschaftliche und politische Aufschwung des Gemeinwesens gegen Ende des 16. Jahrhunderts läßt sich verstehen als das Ergebnis eines Stadtentwicklungsprozesses, der seinen Ausgangspunkt im Spätmittelalter hat.

Entstanden war Stollberg im Zuge der Besiedlung des Erzgebirges im 12. Jahrhundert. Am Fuße der namensgebenden Burg, die 1244 in der ältesten urkundlichen Überlieferung als *„Staleburc"* Erwähnung findet[1], ließen sich zuerst Bauern nieder. Die Stadtanlage weist auf ein ursprüngliches Waldhufendorf hin, dessen Güter sich links und rechts um den Gablenzbach gruppierten. Aus dem Waldhufendorf entwickelte sich später eine Marktsiedlung. Den frühesten Stadtkern nimmt die Forschung um die Marienkirche und den Marienplatz an. Der weitere Stadtwerdungsprozeß erhielt seinen entscheidenden Impuls jedoch durch einen weiter östlich gelegenen neuen Siedlungskern um den heutigen Markt.[2]

Die Entwicklung zur Marktsiedlung ist zweifellos durch die verkehrsgünstige Lage Stollbergs an der Kreuzung eines alten böhmischen Steiges (Altenburg-Preßnitz-Prag) mit der Chemnitzer Straße vorangebracht und durch die Niederlassung von Händlern und Handwerkern befördert worden. Mit der Verlegung des Siedlungsschwerpunkts nach Osten entstand eine geordnete Stadtanlage im Schutze der Burg. In der ersten Hälfte des 14. Jahrhunderts muß diese Entwicklung zum Abschluß gekommen sein, denn 1343 wird Stollberg erstmals urkundlich als Stadt *„civitas"* bezeichnet. Dem trägt auch das älteste Stadtsiegel Rechnung. Das Siegelbild mit wuchtigem Stadttor

---

[1] In jenem Jahr wird ein „Hugo von Staleburc" genannt. – Vgl. Hermann Löscher, Heimatgeschichte der Pflege Stollberg i.E., Bd. 2, hrsg. von Erika Löscher, Raymond Plache und Gert Richter, Chemnitz 2007, S. 28.

[2] Vgl. Schmidt, Erzgebirgsstadt Stollberg, V. Teil, S. 187; Wetzel, St. Jakobi Stollberg, S. 17.

und zwei Türmen darf freilich nicht zu der Annahme verleiten, Stollberg hätte tatsächlich einst eine Stadtmauer besessen. Die wehrhafte Symbolik diente vielmehr lediglich zum Ausdruck eines neu erlangten städtischen Selbstbewußtseins, dessen baulichen Niederschlag vor allem das Rathaus und die Stadtkirche St. Jakobi (erwähnt 1440) bildeten. Eine frühzeitige Emanzipation des Gemeinwesens verhinderten die Besitzer der Herrschaft Stollberg, die zugleich Stadtherren waren. Im Gegenzug förderten die auf der Burg bzw. dem Schloß Stollberg ansässigen Adelsfamilien in großzügiger Weise

Das älteste Siegel der Stadt Stollberg zeugt vom Erhalt des Markt- und Stadtrechts

das wirtschaftliche, kulturelle und geistliche Leben der Stadt. Zu den wichtigsten Impulsgebern zählten dabei die Grafen von Schlick (im Besitz der Herrschaft Stollberg 1447-1473) und die Schönberger (1473-1564). Folgerichtig konnte sich Stollberg zum alleinigen Wirtschaftszentrum der Region entwickeln. Die „bürgerlichen Freiheiten" umfaßten im 16. Jahrhundert freies Backen und Schlachten, freies Bierbrauen, die Schankgerechtigkeit, einen offenen Jahrmarkt, einen Getreidemarkt und einen Salzmarkt. Einige dieser Privilegien, vornehmlich das Brauen und der Salzverkauf, galten fast für die gesamte Herrschaft Stollberg. Zum dominierenden Gewerbe der Stadt wurde jedoch die Tuchmacherei und Leinweberei, die sich derart rasch ausbreitete, daß schon vor dem Dreißigjährigen Krieg die Tuchmacher allen anderen Erwerbstätigen in ihrer Anzahl weit überlegen waren.[3]

Daß Stollberg bis zum Dreißigjährigen Krieg eine schnell wachsende Stadt war, belegt eindrucksvoll die Bevölkerungsentwicklung. Schätzungen gehen für die Zeit um 1500 von etwa 450 Stadtbewohnern aus. 1550 waren es schon etwa 800, 1591 etwa 1200 und 1618 über 1500 Einwohner.[4]

Eine derartige Bevölkerungszunahme veränderte naturgemäß auch das Stadtbild. Besonders für die Zeit um 1600 ist eine rege Bautätigkeit festzustellen. So stieg die Zahl der Wohnhäuser von 196 im Jahre 1591 auf 240 im Jahre 1609, und 1618 erreichte das Stadtwachstum mit 267 Wohnhäusern einen vorläufigen Höhepunkt. Friedrich Schmidt hat bereits darauf hingewiesen, daß vornehmlich die Tuchmacher zu Trägern dieser Bautätigkeit wurden, da

3 Deutsches Städtebuch, Bd. II: Mitteldeutschland, hrsg. von Erich Keyser, Stuttgart 1941, S. 215.
4 Vgl. die Angaben des Deutschen Städtebuches (ebenda, S. 214).

sie für die Ausübung ihres Handwerks einen Platzbedarf hatten, der durch eine Mietwohnung kaum zu decken war.[5] Zudem verfügten sie aufgrund der guten Konjunktur ihres Gewerbes über genügend finanzielle Mittel, ein Bauvorhaben zu realisieren.

Neue Häuser entstanden hauptsächlich auf freiem Gemeindeland. Einen Schwerpunkt stellte das Areal um den heutigen Postplatz dar, das bis etwa 1600 noch völlig unbebaut war und danach in kurzer Zeit ganze Häuserreihen erhielt.

Die Zeit um 1600 ist für Stollberg aber auch deshalb so bedeutsam gewesen, weil es der aufstrebenden Stadt nun endlich gelang, aus dem Schatten des nahe gelegenen Schlosses zu treten und sich politisch zumindest teilweise selbständig zu machen. Die Entwicklung hätte gegenläufiger kaum sein können und doch war sie folgerichtig: Je mehr die alte Stahlburg von ihrem Glanz verlor, desto freier konnte sich das Gemeinwesen zu ihren Füßen entfalten.

Als die Herrschaft Stollberg 1564 von den Schönbergern an den sächsischen Kurfürsten August (1526-1586) verkauft wurde, schien das der Stahlburg als Herrschaftszentrum zunächst keinen Abbruch zu tun. Ganz im Gegenteil: Die kurfürstlichen Beamten nahmen im Schloß ihren Sitz und der leidenschaftliche Jäger August ließ Pläne entwerfen, wie man das Bauwerk am zweckmäßigsten zu einem Jagdschloß umfunktionieren könne. Tatsächlich begannen noch 1564 erste Baumaßnahmen, auch weilte der Kurfürst mit verschiedenen Jagdgesellschaften gelegentlich im Schloß. Doch schon bald wendete August sein Interesse von Stollberg wieder ab. Stattdessen widmete er sich seit 1568 ganz dem Bau der Augustusburg. Mit den steigenden Baukosten für dieses Siegesmonument blieb für die Unterhaltung des Stollberger Schlosses kein Geld mehr übrig. So verfiel die stolze Anlage mit ihrem hohen Burgfried, dem Wallgraben, den Wohn- und Wirtschaftsgebäuden, der Schloßkapelle und dem markanten Eckturm[6] zusehends. Glaubt man zeitgenössischen Berichten, so wuchsen um 1587 in der 116 Meter langen, mittlerweile rissigen Umfassungsmauer wilde Bäume, die Zimmer waren leer oder verwahrlost, Dächer und Fenster stark beschädigt.[7] Im Jahr 1602 versetzte schließlich ein Brand dem alten Schloß den Todesstoß.

---

5   Schmidt, Erzgebirgsstadt Stollberg, VI. Teil, S. 206-209, besonders S. 207.
6   Eine Baubeschreibung findet sich u.a. in: Vergittertes Schloß. Hoheneck im Wandel der Zeit, Stollberg 2002, S. 9. – Vgl. auch: Beschreibende Darstellung der älteren Bau- und Kunstdenkmäler des Königreichs Sachsen, 7. Heft: Amtshauptmannschaft Chemnitz, bearb. von Robert Steche, Dresden 1886, S. 59 und Beilage X.
7   Schmidt, Erzgebirgsstadt Stollberg, II. Teil, S. 113f.

Der Wiederaufbau blieb auf die nötigsten Teile beschränkt. So entstand zwischen 1606 und 1609 ein neues Amtshaus, um die Verwaltungstätigkeit des Amtes Stollberg abzusichern. Denn nach dem Brand hatte der kurfürstliche Amtmann nur mit Mühe seinen Dienstverrichtungen überhaupt nachkommen können, da seine Amtsstube *„derart baufällig geworden und eingegangen, daß man sich nicht darin aufhalten und im Trocknen sein konnte".*[8]

Erhalten blieb auch der Wirtschaftsbetrieb des zum Schloß gehörigen Vorwerks. Mit dem Übergang der Herrschaft Stollberg an den Kurfürsten war dieser Komplex zum kursächsischen Kammergut geworden. Zum Kammergut zählten Stallungen, ein Malz- und Brauhaus sowie ausgedehnte Ackerflächen, Wiesen und Weiden, davon viele außerhalb der Stollberger Stadtfluren. Üblicherweise wurde es von Pächtern bewirtschaftet. Diese betrieben eine intensive Viehzucht. Als der Pächter Wolf Heinrich von Breitenbach starb, wurden in seinem Nachlaß-Inventar von 1608 beispielsweise 72 Rinder, 21 Schweine, eine Ziege, fünf Enten, 22 Hühner und 1423 Schafe gezählt.[9] Damit stellte das Kammergut einen beträchtlichen Wirtschaftsfaktor dar.

Schloß Stollberg zu Beginn des 17. Jahrhunderts,
vergrößerter Ausschnitt nach der Federzeichnung Wilhelm Dilichs (1624)

---

8   Ebenda, S. 114.
9   Staatsarchiv [StA] Chemnitz, 30017 Amt Stollberg, Nr. 430, Wolff Heinrichs von Breitenbach Verlassenschaft, 1608.

Mit Ausnahme des Verwaltungs- und Wirtschaftstraktes bot das Schloß für die folgenden zwei Jahrhunderte einen ruinenhaften Anblick. Die älteste Stollberger Stadtansicht aus der Feder des hessischen Kartographen und Baumeisters Wilhelm Dilich (um 1571-1650)[10] beschönigt offensichtlich den baulichen Zustand des Schloßkomplexes. Als Dilich im Auftrag des sächsischen Kurfürsten um 1624 das Panorama Stollbergs zeichnete, kann er unmöglich derart schadlose Gebäude gesehen haben. Vielmehr muß der Künstler anhand der vorgefundenen Trümmer die ursprüngliche Baugestalt geschickt rekonstruiert haben.[11]

Den Stadtbewohnern Stollbergs dürfte sich freilich eher das Bild des Verfalls eingeprägt haben. Zum Symbol dieses Verfalls wurde der einstige Schloß-turm. An seiner Ruine blieb dem Betrachter kein Zweifel: Die Zeit des Schlosses war vorüber, die Zukunft gehörte der Stadt.

Und so kam zur wirtschaftlichen Blüte der politische Bedeutungsgewinn hinzu. Von dem sächsischen Kurfürsten Johann Georg I. (1585-1656) erwarb Stollberg am 17. Dezember 1618 die obere Gerichtsbarkeit gegen die Zahlung von jährlich 20 Gulden. Die Verleihungsurkunde ist erhalten und gehört heute zu den wertvollsten Dokumenten zur Stollberger Stadtgeschichte.[12]

Urkunde über die Verleihung der Obergerichtsbarkeit an die Stadt Stollberg durch Kurfürst Johann Georg I. vom 17. Dezember 1618 (Kreisarchiv Stollberg, Stadt Stollberg vor 1945, Signatur: U 18)

Sie belegt, wie geschickt es die Stadt verstand, gerichtliche und administrative Befugnisse an sich zu ziehen und sich so aus der unmittelbaren Unterstellung unter die kurfürstliche Lokalverwaltung zu lösen. Denn zugleich mit der Erweiterung der Gerichtskompetenz rückte Stollberg in den Kreis der sogenannten „schriftsässigen" Städte Kursachsens auf und wurde landtagsfähig. Damit nahm die Stadt fortan einen – freilich sehr bescheidenen – Anteil an der Landespolitik. Ihre einmal erworbenen Privilegien hat die Stadt Stollberg sorgfältig zu bewahren gewußt. Das langjährige Recht auf einen freien Salzmarkt ließ sich der Stadtrat beim Regierungsantritt eines neuen Kurfürsten ebenso neu bestätigen wie andere Befugnisse.[13]

Das Bild der selbstbewußten Stadt kommt wiederum in Dilichs schon erwähnter Federzeichnung gut zum Ausdruck. Topographisch ist Dilich hier exakter als beim Schloß. Als das dominierende Gebäude inmitten der dichten Bebauung fällt sofort die spätgotische Jakobikirche ins Auge, die abgesehen von ihrem wuchtigen Turm große Ähnlichkeiten mit der in der linken Bildhälfte befindlichen Marienkirche aufweist. Weniger deutlich ist der schmale Rathausturm von der übrigen Wohnbebauung abgesetzt. Wie Dilich Stollberg für die Nachwelt im Bild festhielt, so hat zweifellos auch Johann Ernst Höckner im Jugendalter seine Heimatstadt gesehen – als ein blühendes Gemeinwesen mit weiterem Entwicklungspotential. Doch es kam anders, als die Einwohner Stollbergs hofften und wünschten.

Stollberg nach der Federzeichung Wilhelm Dilichs (1624)

10 Zu Dilich siehe: Horst Nieder, Wilhelm Dilich (um 1571-1650): Zeichner, Schriftsteller und Kartograph in höfischem Dienst, Lemgo 2002. Seine Ortsdarstellungen in: Wilhelm Dilich, Federzeichnungen kursächsischer und meißnischer Ortschaften aus den Jahren 1626-1629, 3 Bde., Dresden 1907.
11 Diese Ansicht hat Friedrich Schmidt bereits 1976 geäußert (Schmidt, Erzgebirgsstadt Stollberg, II. Teil, S. 114).
12 Kreisarchiv [KA] Stollberg, Stadt Stollberg, U 18, Verleihung der Obergerichtsbarkeit, 1618.
13 Vgl. ebenda, U 1, Urkunde über die Neubestätigungen des Salzmarktes 16. Mai 1613 und 30. März 1667, sowie U 17, Neubestätigung der Obergerichtsbarkeit 20. Januar 1682.

Krieg und Zerstörung

Tragischerweise machte der Krieg binnen kurzer Zeit die Aufbauerfolge ganzer Generationen zunichte. Für die Stollberger Stadtgeschichte bedeutete der Dreißigjährige Krieg (1618-1648) den Weg in eine Leidenszeit von bis dato unbekannter Dimension. Dabei waren es nicht in erster Linie Kampfhandlungen, sondern eher Begleiterscheinungen, wie Truppendurchzüge, Plünderungen, Einquartierungen, Kontributionen und die Pest, die schicksalhaft für die erzgebirgischen Städte und Dörfer wurden.

Anfangs schien das Kriegsgeschehen weit weg. Lediglich die Verknappung der Lebensmittel bei gleichzeitigem Kaufkraftverlust des Geldes konnten als Vorboten der Krise wahrgenommen werden. Die militärischen Aktivitäten im Erzgebirge beschränkten sich darauf, daß der sächsische Kurfürst Johann Georg I. bei erhöhter Kriegsgefahr die großen Städte mit Garnisonen belegte und die Grenzpässe, insbesondere den Preßnitzer, den Reitzenhainer und den Frauensteiner Paß, mit Grenzwachen schützen ließ. Wie wenig diese Maßnahmen für den Ernstfall taugten, erwies sich 1632, als das Erzgebirge nunmehr zum Kriegsschauplatz wurde. In jenem Jahr wüteten kaiserliche Truppen unter Heinrich von Holck (1599-1633) erstmals in der Region. Die berüchtigten „Holckschen Reiter" wurden zum Sinnbild für Drangsal und Zerstörung. Im August 1632 plünderten sie die Gegend um Zwickau, Schneeberg, Schwarzenberg, Annaberg und Marienberg. Wenig später wurden auch Chemnitz und Freiberg besetzt. Stollberg blieb von diesem Feldzug merkwürdigerweise verschont.

Auf Dauer konnte sich die Stadt der Willkür der rohen, disziplinlosen Soldaten jedoch nicht entziehen. Als Holck im Sommer 1633 zum zweiten Mal in Sachsen einfiel, wurde das wehrlose Stollberg eine leichte Beute für seine Truppen. Am 5. August 1633 trafen sie, von Schneeberg kommend, in der Stadt ein. Tags zuvor hatten sie Aue niedergebrannt, jetzt mußte Stollberg das schlimmste fürchten.

Ganz unvorbereitet war man freilich nicht. Frauen und Kinder hatten beim Herannahen Holcks vorsorglich Unterschlupf in alten Stollen und Steinbrüchen sowie in den umliegenden Wäldern gesucht. Wertgegenstände wurden in den geräumigen Kellern des zerstörten Schlosses versteckt. Die Katastrophe konnten solche Vorsorgemaßnahmen jedoch ebenso wenig verhindern wie das kniefällige Bitten der Ratsherren um Schonung der Stadt.

Die besondere Tragik der Ereignisse lag für Stollberg darin, daß sich die Soldaten anfangs mit der Zahlung eines Schutzgeldes von 700 Gulden zufrieden gaben, dann aber während des Weitermarschs in Richtung Chemnitz in Streit über die Beute gerieten, wobei der unzufriedene Teil der Kriegsleute noch einmal umkehrte und die Stadt einäscherte. So jedenfalls hat Christian Lehmann als Zeitzeuge die Geschehnisse an jenem 5. August 1633 überliefert. Die entsprechende Passage in seiner „Kriegschronik" lautet: *„Den 5. August überfielen 2 Esquadronen zue Roß Die Stadt Stolberg, brandschatzten Sie umb 700 fl., dran sie halbgelt und halbtuch bekamen; alß Sie aber uber den parten* [gemeint ist der Anteil - MW] *in Niederdorf Uneins worden, ging eine starcke parthei zuerück und zündeten die Statt [...] an 3 ortten an, daß davon 100 heußer mit Kirche, geistliche und Rathsgebeuden niederbrandten".*[14]

Zuvor hatten sie ihrer Zerstörungswut freien Lauf gelassen. Die Bürgerhäuser wurden geplündert und zerstört, die Biervorräte durch wüstes Zechen aufgebraucht, das Vieh weggetrieben. Auch von Mißhandlungen berichten die Chroniken. Prominentestes Opfer der soldatischen Willkür war der Ratsherr Jacob Nietner, der *„nach vielen ausgestandenen Schmerzen am 18. August verschieden (ist)".*[15]

Als die Kriegsleute von Stollberg abzogen, hinterließen sie eine gänzlich zerstörte und traumatisierte Stadt. Etwa 40 % der Stadtbevölkerung waren obdachlos und selbst denen, die von diesem Schicksal verschont geblieben waren, drohte die Verelendung, da sie fast all ihre Habseligkeiten verloren hatten. Das öffentliche Leben kam zum Erliegen, da auch das Rathaus in Schutt und Asche lag. Von der einst stattlichen Jakobikirche blieb nur ein jämmerlicher Turmrest von 40 Ellen Höhe stehen.

Für die Nachwelt ist es stets eine anrührende Geschichte voller Symbolik gewesen, wie die Stollberger Bürgerschaft im Anblick der Zerstörung dennoch ihren Willen zum Wiederaufbau der Stadt bekräftigte: Aus den Trümmern des Gotteshauses barg man die Metallklumpen der geschmolzenen Kirchenglocken, um sie zur Umgießung nach Zwickau zu senden.[16]

Eine Erholung von der Brandkatastrophe des Jahres 1633 verhinderte der weitere Kriegsverlauf. Vom Prager Frieden 1635 bis zum Westfälischen Frieden 1648 sah sich das Erzgebirge stets wechselnden Durchzügen, Einquartierungen und Kontributionen von Truppen sowohl des kaiserlichen als auch des schwedischen Lagers ausgesetzt. Insgesamt soll das Amt Stollberg im Verlauf des Krieges neun verheerende Durchmärsche erlitten haben. Die

---

14   Christian Lehmann, Die Kriegschronik. Sachsen mit Erzgebirge, nach dem Originale der „Deutschen Kriegschronik" bearb. und hrsg. von Leo Bönhoff, Annaberg 1916 (Neudruck Scheibenberg 1998), S. 64f.
15   Zitiert nach: Schmidt, Erzgebirgsstadt Stollberg, XXII. Teil, S. 59.
16   Wetzel, St. Jakobi Stollberg, S. 41f.

Berichte darüber sind von erschreckender Gleichförmigkeit. Am 13. Januar 1637 fielen schwedische Reiter in Stollberg ein, beschädigten das mühsam wiedererrichtete Rathaus und verschütteten an Wein und Bier, was sie nicht trinken konnten. Zwei Jahre später zog der kaiserliche General Hatzfeld durch die Stollberger Gegend und die Chronisten notierten resignierend: *„(so) ist uns das Unsrige wiederum weggekommen".*[17] Um 1640 waren es erneut die Schweden unter den Heerführern Königsmarck und Baner, die in Stollberg Quartier nahmen, wodurch die Stadt *„wüst und öde worden [...], auch die Instrumenta und Werkzeuge der Handwerksleute sind verbrannt, verderbt und alles zerschlagen und umgekehrt worden".*[18] In Erinnerung blieben auch die schweren schwedischen Plünderungen des Jahres 1642. Damals ist *„alles an Viehen, Vorrat und Getreid [...] weggenommen, die Häuser zerschlagen, ja verborgene Winkel in und außerhalb der Erden eröffnet worden".*[19]

Weitere Beispiele ließen sich anführen. So geben die Kriegsereignisse in Stollberg uneingeschränkt der Feststellung Christian Lehmanns zum Charakter der Zeit recht: *„Die wehrlosen Städte [...] sind in furchten gesessen und keine Stunde sicher gewesen".*[20]

An Bemühungen zum Schutz ihrer Stadt fehlte es den Stollbergern freilich nicht. Namentlich die Bürgermeister und Ratsherren ließen nichts unversucht. Gegen hohe Geldsummen erwarben sie Schutzbriefe von den Kriegsparteien. Allein für einen Schutzbrief des schwedischen Generals Baner wurden 1638 500 Gulden fällig. Diese ließen sich nur beschaffen, indem man den Betrag als sogenannte Bierkontribution auf alle brauberechtigten Bürgerhäuser umlegte. Schon kurze Zeit später hat Stollberg sich wiederum neue Schutzbriefe ausstellen lassen. Ihr Wert blieb aber marginal, da sie oftmals von Freund und Feind gleichermaßen ignoriert wurden.

Waren Truppen in der Stadt, so versuchte man auf jede nur erdenkliche Art, die Soldaten milde zu stimmen und gewaltsame Übergriffe zu verhindern. Weit über das Maß des Tragbaren hinaus konfrontierten die Offiziere die Stollberger Einwohner mit willkürlichen Verpflegungs- und Geldforderungen. Im Verlauf des Krieges war man immer weniger in der Lage die ständigen Kontributionen aufzubringen. Die Stadt häufte auf diese Weise beträchtliche Schulden auf.

17   Zitiert nach: Schmidt, Erzgebirgsstadt Stollberg, XXIII. Teil, S. 82.
18   Ebenda.
19   Ebenda, XXIV. Teil, S. 113.
20   Lehmann, Kriegschronik, S. 91.

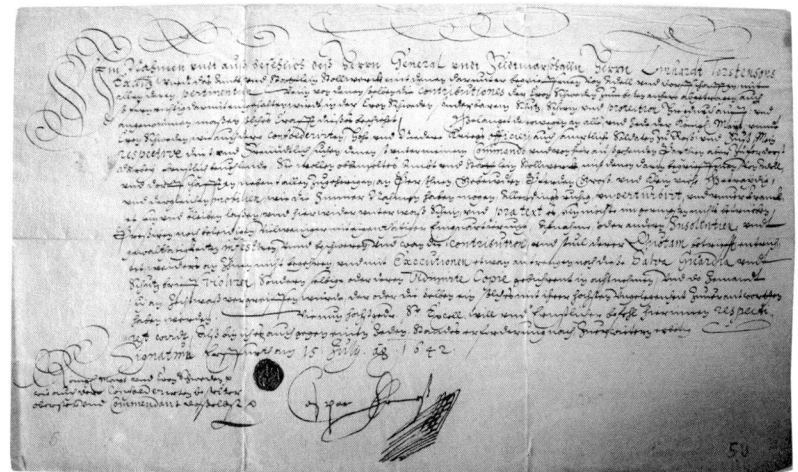

Schutzbrief des schwedischen Generals Torstensson für die Stadt Stollberg vom 15. Juli 1618
(Kreisarchiv Stollberg, Stadt Stollberg vor 1945, Signatur: U 5)

Angesichts der verzweifelten Lage mußte es ein besonderes Hoffnungszeichen sein, wenn der Stollberger Amtmann Johann Drummer gemeinsam mit dem Ratsherrn Ernst Höckner und dem Pfarrer Hermann Kettner bei dem schwedischen General Lennart Torstensson (1603-1651) den Verzicht auf rückständige Kontributionsgelder aus der Zeit von Dezember 1644 bis Februar 1645 erwirkte. Die Gelder sollten ursprünglich an die schwedische Garnison in Erfurt abgeführt werden. Nunmehr durften sie zum Wiederaufbau der Jakobikirche verwendet werden. In den Quellen zur Stadtgeschichte werden sie für gewöhnlich ganz explizit als die „Torstenssonschen Gelder" bezeichnet.[21]

Lennart Torstensson

Ungeachtet dieser positiven Wendung blieb Stollberg bis zum Kriegsende nicht von weiteren Plünderungen verschont. Noch 1647 zerstörten kaiserliche Soldaten bei einem neuerlichen Einfall die städtische Walk- und Mahlmühle, sowie die Kavillerei. Auch das Rathaus fiel einmal mehr der Beschädigung anheim.[22]

---

21 Wetzel, St. Jakobi Stollberg, S. 43.
22 Schmidt, Erzgebirgsstadt Stollberg, XXIV. Teil, S. 113.

Neben der militärischen Bedrohung brachte die Pest immer wieder neue Schrecknisse über die Menschen. Besonders heftig wütete sie 1633 im Erzgebirge. Stadt und Land waren gleichermaßen betroffen. Über die Pest schreibt der Chronist Christian Lehmann: *„Sie fället an mit ungewöhnlichem Frost, auch Schrecken und Schwindel, innerlicher Hitze und Unruhe, Mattigkeit in allen Gliedern, Haupt-Schmertzen, Rücken- und Seiten-Stechen [...] Es schiessen Carfunkel und Brand-Drüsen auf"*.[23] Für Betroffene bestanden kaum Überlebenschancen. War die Seuche einmal ausgebrochen, versuchte man die Kranken streng zu isolieren. Entweder trieb man die Betroffenen in die Wälder oder verschloß ihre Wohnungen ringsum mit Brettern. Der persönliche Besitz von Pestopfern wurde verbrannt, ihre Häuser mit Kräutermischungen ausgeräuchert.

Stollberg hat auf diese Weise mehrere Hundert Einwohner verloren. Genaue Zahlen fehlen, doch geben die Stollberger Gerichts- und Kirchenbücher genug Anhaltspunkte, um die schwersten Pestjahre zu ermitteln. Für die Zeit unmittelbar vor dem Dreißigjährigen Krieg listet Friedrich Schmidt schwerwiegende Pestfälle in den Jahren 1591, 1598/99, 1607 und 1613 auf.[24] Die dicht gedrängten Daten belegen, daß die Pest zur permanent gegenwärtigen Bedrohung wurde. Ihr verheerendstes Ausmaß erreichte sie, wie bereits angedeutet, im Jahr 1633. Damals ist, offenbar durch Einschleppung seitens der Soldaten, eine Infektion entstanden *„also daß ezliche 100 Menschen verstorben und alles in große Zerüttung geraten, also daß nichts als Not und Tod [...] zu ersehen gewesen"*.[25] Die Epidemie muß unmittelbar nach dem Stadtbrand ausgebrochen sein, denn nach der Vernichtung der Ratsdokumente ist ein neues Gerichtsbuch *„bey grassierender Sterbensseuche"* angefangen worden.[26]

Wiederum ist es Friedrich Schmidt gewesen, der in eindringlicher Schilderung beschreibt, wie Pestkranke zur damaligen Zeit ihr Erbe regelten, indem sie den Notar und Stadtschreiber Gabriel Klinkhardt vor ihr Haus erforderten und ihm aus sicherer Entfernung vom Fenster aus laut und vernehmlich ihren letzten Willen zu Diktat und Beurkundung zuriefen.[27]

---

23 Christian Lehmann, Historischer Schauplatz derer natürlicher Merckwürdigkeiten in dem Meißnischen Ober-Ertzgebürge, 1699, Reprint Stuttgart 1988, S. 959.
24 Schmidt, Erzgebirgsstadt Stollberg, XXV. Teil, S. 124f.
25 Ebenda, XXVI. Teil, S. 148.
26 StA Chemnitz, Gerichtsbuch Stollberg, GB 58, Eintrag auf dem Titelblatt. – Schmidt, Erzgebirgsstadt Stollberg, XXVI. Teil, S. 148 irrt, wenn er den 1. September 1634 als Abfassungszeit annimmt. An jenem Tag wurde das Gerichtsbuch nicht angefangen, sondern geschlossen.
27 Schmidt, Erzgebirgsstadt Stollberg, XXVI. Teil, S. 148.

Hickmann-Epitaph

Das Hickmannsche Doppel-Grabmal gibt Zeugnis von den schicksalhaften Jahren vor dem Dreißigjährigen Krieg. Die Sandstein-Arbeit eines unbekannten Künstlers drückt die Trauer darüber aus, daß zwei Töchter des Pfarrers Hickmann im Kindesalter den Blattern zum Opfer fielen. Die Platten zeigen die Kinder in lebenswahrer Gestaltung. Christus tritt schirmend zur Älteren, der Schutzengel behütet die Jüngere. Ein Spruch aus Psalm 39 tröstet die Bleibenden. Über dem abschließenden Sims sitzt eine trauernde Gestalt mit Sanduhr und Totenschädel, den Kopf trübe sinnend in die Linke gestützt.

Die Umschrift der rechten Platte lautet: „ALHIER LIEGT BEGRABEN ANNA MARIA M(AGISTRI) JEREMIAE HICKMANNI DER ZEIT PFARRS TOECHTERLEIN SO DEN 17. JANUARII FRUEH UM 4 UHR 1626 AN BLADTERN SELIG GESTORBEN. IHRES ALTERS 1 JAHR 3 WOCHEN 3 TAGE 3 STUNDEN." Ein Engel nimmt das Mädchen in seine Obhut. Neben der Gruppe rankt eine Kürbisstaude. Das Spruchband mit der Inschrift: „Jona 4" will das Gleichnis der Gegenüberstellung von Mensch und Pflanze offenbaren. Wie der Kürbis in einer Nacht ward und verdarb, so welkte auch die kaum entfaltete Menschenknospe dahin.

Die Inschrift der linken Platte lautet: „ALHIER LIEGT BEGRABEN M. (AGISTRI) JEREMIAE HICKMANNI DER ZEIT PFARRS TOECHTERLEIN ANNA BARBARA. SO DEN 22. JANUARII FRUEH UM 7 UHR 1626 AN BLADTERN SELIG VERSTORBEN. IHRES ALTERS 5 JAHRE 10 WOCHEN 2 TAGE 16 STUNDEN." Christus hebt segnend die Hände über die Verstorbene. Mit der linken Hand weist das Kind auf ein Spruchband über seinem Haupte: "MEIN FREIND IST MEIN UND ICH BIN SEIN, DER UNDER DEN ROSEN WEIDET."

Bei der großen Anzahl an Pesttoten blieb in der Regel nur die eilige Bestattung ohne die sonst üblichen Zeremonien. Pestleichen sind deshalb im Kirchenbuch mit dem Vermerk „schlecht begraben" o. ä. verzeichnet worden. So auch 1639 und 1647, als weitere Pestwellen Stollberg heimsuchten. Damals befanden sich auch schwedische Soldaten unter den Opfern, was z. B. die überaus hohe Zahl von 291 Todesfällen im Jahr 1639 erklärt.

Seuchen und Epidemien blieben indes nicht auf Kriegszeiten beschränkt. Das Deutsche Städtebuch nennt für Stollberg nach dem Dreißigjährigen Krieg noch 1670, 1677, 1680 und 1688 als Pestjahre.[28] Die letzte große Pestwelle suchte das Erzgebirge dabei 1680/81 heim. Für die Stadtgeschichte sind jene Jahre insofern von besonderer Bedeutung gewesen, als in Vorbereitung auf den für 1680 ausgeschriebenen Ausschußtag der sächsischen Landstände eine Zusammenkunft der städtischen Abgeordneten des Erzgebirgischen Kreises nach Stollberg angesetzt worden war. In diesen Vorzug sollte die Stadt kommen, weil in dem sonst üblichen Versammlungsort Chemnitz die Pest grassierte. Die Erwartungen und Hoffnungen der Stollberger zerschlugen sich jedoch, denn auch hier wurden im Oktober 1680 die ersten Pestfälle bekannt. Das Treffen fand schließlich am 12. November 1680 in Aue statt.[29] Im Vergleich zu den Kriegsauswirkungen war dies für die Stollberger freilich ein harmloses Beschwernis.

Wiederaufbau und Kriegsfolgenüberwindung

Der Westfälische Frieden von 1648 beendete den Dreißigjährigen Krieg. Friedensruhe kehrte nun auch ins Erzgebirge ein. Die gesamte Region litt unter Schäden, deren Überwindung Jahrzehnte dauern sollte. Erst allmählich wurde man sich des Ausmaßes der Kriegsverluste bewußt. Einst wohlhabende Städte waren verarmt und hatten große Bevölkerungsverluste zu beklagen. Auf dem Land minderten verlassene Höfe die landwirtschaftliche Produktivität und das Steueraufkommen.

Stollberg gehörte zu den am schwersten geschädigten Städten des Erzgebirges. Eine Bestandsaufnahme des Stollberger Amtmanns vom 16. Juli 1638,

---

28 Dt. Städtebuch, Bd. II, S. 214.
29 Dieses Ereignis ist in der bisherigen Literatur völlig verzerrt und aufgebauscht wiedergegeben. Das reicht soweit, daß man behauptet, der ganze Ausschußtag sei für Stollberg geplant gewesen. Tatsächlich fand der Ausschußtag aber in Meißen statt, nachdem man zuvor den ursprünglichen Tagungsort Großenhain ebenfalls wegen der Pestgefahr aufgegeben hatte. Darüber, daß das in Stollberg angesetzte Treffen nur Vorbereitungscharakter hatte, läßt Christian Meltzer, Historia Schneebergensis renovata, Schneeberg 1716, Reprint Stuttgart 1995, S. 1399, keinen Zweifel.

also gut fünf Jahre nach dem verheerenden Stadtbrand, macht das deutlich. Von den 267 Wohnhäusern der Stadt waren 83 dem Feuer zum Opfer gefallen. Davon konnten 40 *„ wegen der Leutte Unvermögenheit bis dahero nicht auffgebauet werden "*,[30] d. h. sie waren unbewohnt. Die anderen 43 Häuser *„ werden zwar wieder bewohnt, sint aber nicht außgebauet, sondern nur [...] in etwas wieder auffbracht, damit die Leute sich darinnen aufhalten können, wie denn davon viel nur mit Bretern [...] bedeckt undt die Leutte darinnen wegen Regens undt Wetters allerhandt erdulden müssen "*.[31] Diese ruinösen Bauten waren demnach nur notdürftig und völlig unzureichend wiederhergestellt. Und schließlich die 184 von den Flammen verschont gebliebenen Häuser: Sie werden fast alle beschrieben als *„kleine geringe Hüttlein und gar schlechte Häuserlein, so auswärts gegen Mittel- und Niederdorf gelegen "*.[32] Die Randbebauung war also am glimpflichsten davongekommen, während das Stadtzentrum ein Bild der Verwüstung bot.

Über die persönlichen Verhältnisse der kriegs- und brandgeschädigten Bevölkerung gibt sich der amtliche Bericht aus dem Jahr 1638 keiner Illusion hin. Bevor man an den Wiederaufbau gehen könne, liege die Aufgabe erst einmal darin, die Familie *„ mit täglicher Handarbeit undt sauer Schweis "*[33] zu versorgen. Selbst vor Patrizierkreisen machte die Verarmung nicht halt. So hinterließ der Bürgermeister Stephan Neße bei seinem Tod 1649 über 944 Gulden Schulden und sein einst stattlicher Immobilienbesitz fand trotz mehrerer öffentlicher Versteigerungstermine keinen Käufer, weil sein Wohnhaus *„ganz baufällig "* und seine Äcker *„ verwüstet und verpuscht* [also zugewachsen – MW]" waren.[34] Als schließlich doch ein Kaufgebot abgegeben wurde, belief sich dieses auf gerade einmal 650 Gulden, mithin viel weniger als die Schuldenlast ausmachte.

Das düstere Bild kollektiver Verarmung konnte auch durch einige wenige Ausnahmen, zu denen die Familie Höckner zählte, kaum aufgehellt werden. Stattdessen findet sich im Stollberger Wohngebäudeverzeichnis hinter fast jedem Eintrag die Bemerkung: *„ ist mit vielen Schulden behaftet "*. Dennoch ist die Niederschrift nicht ohne Hoffnung, konnte doch bei der überwiegenden Mehrheit der Hauseigentümer der unbedingte Wille zum Wiederaufbau notiert werden.

30   StA Chemnitz, 30017 Amt Stollberg, Nr. 12, Verzeichnis der abgebrannten Häuser und wüsten Güter im Amt Stollberg, 1620-1638, Bl. 29.
31   Ebenda, Bl. 30b.
32   Ebenda, Bl. 31b.
33   Ebenda, Bl. 35.
34   Ebenda, 30017 Amt Stollberg, Nr. 25, Nachlaß des Bürgermeisters Stephan Nese in Stollberg, 1649-1652.

Unter den erwähnten Bedingungen stellt sich die Wiederaufbauleistung, die die Stollberger letztlich erbrachten, als umso beeindruckender dar. Doch es dauerte mehrere Jahrzehnte, ehe der Vorkriegsstand wieder erreicht war. Eine aufschlußreiche Studie von Markus Walther zur Überwindung der Kriegsfolgen im Umland von Chemnitz hat gezeigt, daß diese Region für ihre Erholung etwa bis zur Jahrhundertwende brauchte.[35] Auch in anderen Teilen Sachsens waren um 1700 noch deutliche Auswirkungen des Krieges sichtbar.[36]

Trotz der immensen Schäden erwies sich die Regenerationsfähigkeit Stollbergs offenbar vergleichsweise hoch. Für das Jahr 1699 geben die Quellen in der Stadt 1402 Einwohner in 328 Häusern an. Das waren über 100 Häuser mehr als 1638. Nach einem zwischenzeitlichen Einbruch der Immobilienpreise gewann der Kauf eines Wohnhauses langsam aber stetig wieder an Attraktivität. Nur 1,5 % aller Wohnstätten lagen 1699 in Stollberg wüst, während es zum gleichen Zeitpunkt in Zwönitz 8 %, in Annaberg 33,8 %, in Chemnitz 40,8 % und in Buchholz gar 49,8 % waren.[37]

Diese regionalen Unterschiede im Tempo der Kriegsfolgenüberwindung haben zweifellos sehr komplexe Ursachen, die noch viel zu wenig erforscht sind. Nur mit großer Vorsicht sind deshalb Erklärungsversuche zu wagen. Im Fall von Stollberg deutet sich zumindest der Zusammenhang zwischen wirtschaftlicher und baulicher Neukonsolidierung an. In Stollberg dominierte die exportorientierte Textilproduktion, so daß die Stadt einen ganz anderen Weg aus der Krise fand als Annaberg, wo der zurückgehende Bergbau das Wirtschaftsprofil bestimmte.

Wie die Ausführungen von Gunter Lasch in diesem Band noch zeigen werden, waren vermögende Familien, wie die Höckners bereit, ihre Ressourcen in hohem Maße für das Wohl des Gemeinwesens einzusetzen. Nicht zuletzt dieses Verantwortungsgefühl für die Heimatstadt ließ die Wiederaufbauarbeit in Stollberg zu einem Gemeinschaftswerk werden. Von großer Prägnanz ist hierbei der Neubau der Jakobikirche. Er ist in den Jahren 1652 bis 1659 unter maßgeblicher Beteiligung Johann Ernst Höckners durchgeführt worden. Die Baukosten in Höhe von über 3600 Gulden wurden aus Steuermitteln, Landeskollekten und den erwähnten „Torstenssonschen Geldern" sowie aus

---

35 Markus Walther, Die Überwindung der materiellen Schäden des Dreißigjährigen Krieges in den Chemnitzer Amtsdörfern in der 2. Hälfte des 17. Jahrhunderts, in: Mitteilungen des Chemnitzer Geschichtsvereins 73 (Neue Folge XII), Chemnitz 2003, S. 9-34.

36 Vgl. Katrin Keller, Kursachsen am Ende des 17. Jahrhunderts. – Beobachtungen zur regionalen und wirtschaftlichen Struktur der sächsischen Städtelandschaft, in: Schirmer (Hg.), Sachsen im 17. Jahrhundert, S. 131-160.

37 Zahlen aus: ebenda, S. 158.

freiwilligen Gaben und einer Bausteuer aus Stollberg und den eingepfarrten Dörfern Gablenz, Oberdorf, Mitteldorf, Niederdorf, Oberwürschnitz und Niederwürschnitz aufgebracht. Der Ablauf der Baumaßnahmen ist an anderer Stelle ausführlich beschrieben worden.[38] Hier genügt es, das Ergebnis zu nennen: Die neue Jakobikirche entstand als stattliche barocke Saalkirche mit wuchtigem Dach und kleinem Spitztürmchen. Ein grundhafter Turmbau konnte wegen finanzieller Engpässe nicht realisiert werden. Auf späteren Ansichten wirkt die Kirche daher merkwürdig disharmonisch. Gleichwohl trug ihre Weihe am 5. April 1659 hohen Symbolcharakter für den bisherigen Verlauf und den Fortgang des Wiederaufbaus.

Das Fehlen eines Kirchenturms belegt allerdings, daß Stollberg bei allen Wiederaufbauerfolgen doch nur einen bescheidenen Wohlstand zurückerwarb. Wie eng die finanziellen Spielräume speziell der öffentlichen Kassen blieben, verdeutlicht nicht zuletzt der Einsturz des Rathauses im Jahr 1691. Ein zeitgenössischer Bericht vermerkt hierzu: *„Im November des vorigen Jahres (= 1691) sind die verbrannten Mauern dergestalt voneinander gegangen, daß große Stücke derselben gänzlich übern Haufen gefallen".* Auch spricht er von dem Aufenthalt im Rathaus *„unter Lebensgefahr".*[39] Das brandbeschädigte Gebäude wurde 1634 unter Einbeziehung der stehengebliebenen Mauerreste nur notdürftig wiederhergestellt. Über Jahrzehnte ermangelte es nicht allein eines repräsentativen Aussehens, sondern auch der Sicherheit. Diesen Übelständen schuf erst ein 1692 begonnener Rathaus-Neubau Abhilfe. Von ihm wird noch die Rede sein.

Inschrift über den Wiederaufbau der Kirche „Mit dem gütigen Gott. Die Wiederherstellung dieses Tempels ist geschehen im Jahre MD-CLV (1655). Für Feuer, falscher Lehr bewahre diesen Ort. Erhalte rein, o Herr, darum dein heilig Wort. Gottes Wort bleibt in Ewigkeit (V. D. M. I. AE.)"

---

38 Wetzel, St. Jakobi Stollberg, S. 43-49.
39 Zitiert nach Schmidt, Erzgebirgsstadt Stollberg, VIII. Teil, S. 257.

2. Die Stadt und ihre Menschen

<u>Stadtverwaltung und öffentliches Leben</u>

Das Porträt einer Stadt wäre einseitig und unvollständig, würde man nur die Ereignisgeschichte berücksichtigen. Mindestens ebenso wichtig ist der Blick auf ihre innere Verfaßtheit. Die Verwaltungsgrundsätze, die in den sächsischen Städten galten, wiesen eine bemerkenswerte Unveränderlichkeit auf. Spätmittelalterliche und frühneuzeitliche Strukturen lebten dabei bis in das erste Drittel des 19. Jahrhunderts fort. Diese Aussage trifft uneingeschränkt auch für Stollberg zu. Sie erklärt zugleich, warum die Wirrnisse des Dreißigjährigen Krieges in der Verwaltung der Stadt allenfalls kurzfristige Störungen, nicht aber tiefgreifende Wandlungen hervorrufen konnten.

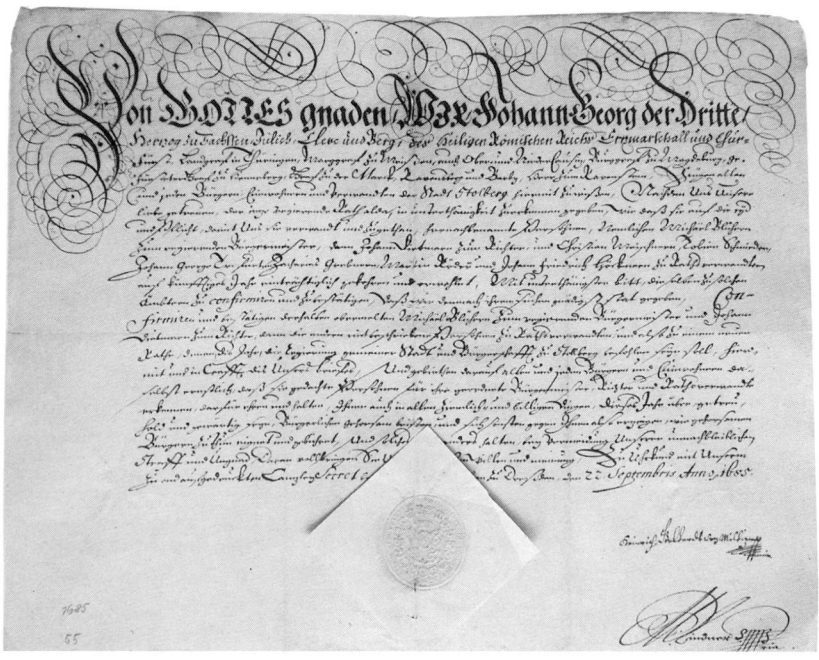

Urkunde über die Bestätigung der Ratswahlen 1685
(Kreisarchiv Stollberg, Stadt Stollberg vor 1945, Signatur: U 55)

An der Spitze des Gemeinwesens stand ursprünglich ein von dem Besitzer der Herrschaft Stollberg eingesetzter Richter. Im Zuge des Stadtwerdungs-

---

40 Vgl. Dt. Städtebuch, Bd. II, S. 215.
41 Wetzel, St. Jakobi Stollberg, S. 18.

prozesses bildete sich dann eine Ratsverfassung mit Bürgermeister und Ratskollegium heraus.[40] Bürgermeister und Rat sind 1440 erstmals urkundlich erwähnt. In ihrem ältesten überlieferten Verwaltungsakt bestätigen sie die schenkungsweise Übergabe der „Diakonatwiese" an die Jakobikirche.[41] Anschließend bleibt die Tätigkeit des Rates noch einige Zeit nur fragmentarisch faßbar, ehe sie dann nach 1500 immer schärfere Konturen erhält.

Im 17. Jahrhundert setzte sich das Ratskollegium aus einem „regierenden" und einem „ruhenden" Bürgermeister zusammen, die jährlich wechselten. Ihnen standen fünf bis sechs Beisitzer oder „Ratsverwandte", auch Senatoren genannt, zur Seite. Der „ruhende" Bürgermeister gehörte in seinem Ruhejahr ebenfalls zu den Ratsbeisitzern. Seit 1648 taucht in den Quellen zusätzlich ein Stadtrichter auf, der zusammen mit den Ratsherren das Stadtgericht bildete. Die Besetzung der Ratsstellen erfolgte aus dem Kreis der wohlhabendsten Stollberger Familien. Das waren angesehene Handwerksmeister, finanzkräftige Kaufleute und Tuchhändler, begüterte Ackerbauern oder Vertreter des Bildungsbürgertums. Sie hatten höhere Bildungseinrichtungen durchlaufen, besaßen zum Teil mehrere Erwerbsquellen und entfalteten weit verzweigte wirtschaftliche Aktivitäten, was ihren Einfluß auf die städtischen Belange nur noch steigerte. So versorgte der 1603 verstorbene Bürgermeister Andreas Meurer die Stollberger mit erlesenen Genußwaren und Luxusartikeln, da er neben seiner amtlichen Funktion eifrig dem Gewürz- und Textilhandel nachging.[42] Bürgermeister Gabriel Klinkhardt (†1674) war in Stollberg als Notar niedergelassen und die Ratsherren Michael Blüher und David Müller besaßen lange Zeit die beiden großen Gasthöfe am Markt.[43]

Ähnlich wie in anderen Städten war der elitäre Kreis der Stollberger Patrizier durch verwandtschaftliche Beziehungen derart festgefügt, daß über lange Zeiträume einige wenige Familien die städtischen Belange dirigierten, während der größte Teil der Bürgerschaft von der Stadtverwaltung ausgeschlossen blieb. Immer wieder ist daher die Allmacht des Rates, seine undurchsichtige Amtsführung und eine verbreitete Vetternwirtschaft beklagt worden. Ein Blick auf die personelle Zusammensetzung des Rates zeigt, daß tatsächlich Familien wie die Pöschmanns, die Groschupffs, die Schreiners, die Höckners oder die Blühers während des gesamten 17. Jahrhunderts das Ratskollegium dominierten. Begünstigt wurden solche Konstellationen dadurch, daß die Wahl der Ratsherren auf Lebenszeit erfolgte.

---

42   StA Chemnitz, 30017 Amt Stollberg, Nr. 474, Inventar des Bürgermeisters Andreas Meurer in Stollberg, 1603.
43   Siehe unten S. 52f. dieser Darstellung.

Jahr	Regierender Bürgermeister	Stadtrichter	Ratsbeisitzer
1634	Wolf Groschupff		Valentin Schreiner, Gabriel Klinkhardt, Jacob Schreiner, Stephan Neße, Zacharias Groschupff, Georg Peschmann*
1635	Valentin Schreiner		Wolf Groschupff, Gabriel Klinkhardt, Jacob Schreiner, Stephan Neße, Zacharias Groschupff, Georg Peschmann
1636	Wolf Groschupff		Valentin Schreiner, Gabriel Klinkhardt, Jacob Schreiner, Stephan Neße, Georg Peschmann, Matthes Keller
1637	Valentin Schreiner		Wolf Groschupff, Gabriel Klinkhardt, Jacob Schreiner, Stephan Neße, Georg Peschmann, Matthes Keller
1638	Wolf Groschupff		Valentin Schreiner, Gabriel Klinkhardt, Jacob Schreiner, Stephan Neße, Georg Peschmann, Matthes Keller
1639	Valentin Schreiner		Wolf Groschupff, Gabriel Klinkhardt, Stephan Neße, Zacharias Groschupff, Georg Peschmann, Matthes Keller, Georg Voigt
1640	Wolf Groschupff		Valentin Schreiner, Gabriel Klinkhardt, Jacob Schreiner, Stephan Neße, Zacharias Groschupff, Georg Peschmann, Georg Voigt
1641	Jacob Schreiner		Wolf Groschupff, Gabriel Klinkhardt, Stephan Neße, Zacharias Groschupff, Georg Peschmann, Matthes Keller, Georg Voigt

1642	Stephan Neße		Jacob Schreiner, Wolf Groschupff, Gabriel Klinkhardt, Zacharias Groschupff, Georg Peschmann, Matthes Keller, Georg Voigt
1643	Wolf Groschupff		Jacob Schreiner, Stephan Neße, Zacharias Groschupff, Georg Peschmann, Matthes Keller, Georg Voigt
1644	Jacob Schreiner		Wolf Groschupff, Stephan Neße, Zacharias Groschupff, Georg Peschmann, Matthes Keller, Georg Voigt, David Scheffler**
1645	Stephan Neße		Wolf Groschupff, Jacob Schreiner, Gabriel Klinkhardt, Zacharias Groschupff, Georg Peschmann, Matthes Keller, Georg Voigt, David Scheffler
1646	Jacob Schreiner		
1647	Georg Peschmann		Wolf Groschupff, Jacob Schreiner, Stephan Neße, Gabriel Klinkhardt, Matthes Keller, David Scheffler, Jacob Hertel, Michael Vogel
1648	Wolf Groschupff	Matthes Keller	Gabriel Klinkhardt, Stephan Neße, David Scheffler, Jacob Hertel, Michael Vogel, *Ernst Höckner,* Christoph Vogel
1649	Jacob Schreiner	Zacharias Groschupff	Wolf Groschupff, Gabriel Klinkhardt, Georg Peschmann, Matthes Keller, David Scheffler, Jacob Hertel, Michael Vogel, *Ernst Höckner,* Christoph Vogel

1650	Georg Peschmann	David Scheffler	Wolf Groschupff, Jacob Schreiner, Gabriel Klinkhardt, Zacharias Groschupff, Matthes Keller, Jacob Hertel, Michael Vogel, *Ernst Höckner,* Christoph Vogel
1652	Gabriel Klinkhardt	Matthes Keller	Georg Peschmann, Jacob Schreiner, Zacharias Groschupff, David Scheffler, *Ernst Höckner,* Christoph Vogel
1653	Jacob Schreiner	Zacharias Groschupff	Georg Peschmann, Gabriel Klinkhardt, Matthes Keller, David Scheffler, *Ernst Höckner,* Christoph Vogel
1654	Georg Peschmann	David Scheffler	Jacob Schreiner, Gabriel Klinkhardt, Zacharias Groschupff, Matthes Keller, Jacob Hertel, Michael Vogel, *Ernst Höckner,* Christoph Vogel
1656	Jacob Schreiner	Matthes Keller	Georg Peschmann, Gabriel Klinkhardt, Zacharias Groschupff, David Scheffler, Jacob Hertel, *Ernst Höckner,* Christoph Vogel, Michael Blüher
1659	Georg Peschmann	David Scheffler	Jacob Schreiner, Gabriel Klinkhardt, Matthes Keller, *Ernst Höckner,* Christoph Vogel, Michael Blüher
1662	David Scheffler	Matthes Keller	Georg Peschmann, Jacob Schreiner, Gabriel Klinkhardt, *Ernst Höckner,* Michael Vogel, Michael Blüher, Samuel Müller, Christian Meischner

1663	Georg Peschmann	*Ernst Höckner*	Jacob Schreiner, Gabriel Klinkhardt, David Scheffler, Matthes Keller, Michael Blüher, Samuel Müller, Christian Meischner
1664	David Scheffler	Matthes Keller	Georg Peschmann, Jacob Schreiner, Gabriel Klinkhardt, *Ernst Höckner,* Michael Blüher, Samuel Müller, Christian Meischner
1665	Georg Peschmann	*Ernst Höckner*	Jacob, Schreiner, Gabriel Klinkhardt, David Scheffler, Matthes Keller, Michael Blüher, Samuel Müller, Christian Meischner
1666	David Scheffler	Matthes Keller	Georg Peschmann, Jacob Schreiner, Gabriel Klinkhardt, *Ernst Höckner,* Michael Blüher, Samuel Müller, Christian Meischner
1667	Georg Peschmann	*Ernst Höckner*	Gabriel Klinkhardt, David Scheffler, Matthes Keller, Michael Blüher, Samuel Müller, Christian Meischner
1668	David Scheffler	Samuel Müller	Georg Peschmann, Gabriel Klinkhardt, *Ernst Höckner,* Matthes Keller, Michael Blüher, Christian Meischner, Georg Vogel, Johann Dittmar ***
1669	Georg Peschmann	Christian Meischner	Gabriel Klinkhardt, David Scheffler, Matthes Keller, Michael Blüher, Samuel Müller, Georg Vogel, Johann Dittmar
1670	David Scheffler	Samuel Müller	Georg Peschmann, Gabriel Klinkhardt, Michael Blüher, Christian Meischner, Georg Vogel, Johann Dittmar

1671	Georg Peschmann	Christian Meischner	Gabriel Klinkhardt, David Scheffler, Michael Blüher, Samuel Müller, Georg Vogel, Johann Dittmar
1672	David Scheffler	Samuel Müller	Georg Peschmann, Gabriel Klinkhardt, Michael Blüher, Christian Meischner, Georg Vogel, Johann Dittmar
1673	Georg Peschmann	Christian Meischner	Gabriel Klinkhardt, David Scheffler, Michael Blüher, Samuel Müller, Georg Vogel, Johann Dittmar
1674	Michael Blüher	Samuel Müller	Georg Peschmann, Christian Meischner, Johann Dittmar, Tobias Schmied, Johann Georg Treffurth, Christian Pöschmann, Esaias Stiebner
1684	Christian Meischner	Johann Georg Treffurth	Michael Blüher, Johann Dittmar, Tobias Schmied, Esaies Stiebner, Zacharias Gerber, Martin Röder
1685	Michael Blüher	Johann Dittmar	Christian Meischner, Tobias Schmied, Johann Georg Treffurth, Zacharias Gerber, Martin Röder, *Johann Friedrich Höckner*
1686	Christian Meischner	Johann Georg Treffurth	Michael Blüher, Johann Dittmar, Tobias Schmied, Zacharias Gerber, Martin Röder, *Johann Friedrich Höckner*
1687	Michael Blüher	Johann Dittmar	Christian Meischner, Tobias Schmied, Johann Georg Treffurth, Zacharias Gerber, Martin Röder, *Johann Friedrich Höckner,* Daniel Götze
1688	Tobias Schmied	Johann Georg Treffurth	Michael Blüher, Zacharias Gerber, Martin Röder, *Johann Friedrich Höckner,* Daniel Götze, Friedrich Blüher

| 1689 | Michael Blüher | Johann Georg Treffurth | Tobias Schmied, Zacharias Gerber, *Johann Friedrich Höckner,* Daniel Götze, Friedrich Blüher |

*	auch: Pöschmann
**	auch: Schöffler
***	auch: Diettmar

Sehr gut erkennbar wird in der Tabelle auch der bereits angesprochene jährliche Wechsel im Amt des Bürgermeisters und des Stadtrichters. Der Antritt des neuen Rates erfolgte zur Jahresmitte in stark ritualisierter Form. Dabei wurde der Rathausschlüssel feierlich vom alten an den neuen Bürgermeister übergeben. Alle Wahlen, wie auch der überwiegende Teil der Ratsentscheidungen, mußten von den vorgesetzten kurfürstlichen Behörden bestätigt werden. Ungeachtet aller Klagen über die Allmacht des Stadtregiments unterlagen die Handlungsspielräume des Rates in dieser Beziehung doch sehr starken Abhängigkeiten.

Seine Sitzungen hielt das Ratskollegium im Obergeschoß des Rathauses in der Ratsstube ab. Zu teilweise erheblichen Beeinträchtigungen kam es durch die Kriegseinwirkungen im Zeitraum von 1633 bis 1648. Formal bestand zwar jederzeit ein handlungsfähiger Rat, doch machte die Zerstörung des Rathauses und sein völlig unzureichender Wiederaufbau die Regelmäßigkeit von Ratssitzungen unmöglich. Auch wurden aus Furcht vor der Pest oft monatelang keine Zusammenkünfte gehalten. So notiert die Ratsrechnung 1641, es habe „*wegen der entstandenen Infection und Sterbensseuche eine geraume Zeit über das Rathaus nicht bewohnt oder gebraucht werden können"*.[44]

Je differenzierter und je arbeitsintensiver sich die Tätigkeit des Rates und des Stadtgerichts gestaltete, desto stärker mußten Spezialbeamte zur Bewältigung der Verwaltungsaufgaben herangezogen werden. Die wichtigste Funktion bekleidete dabei der Stadtschreiber. In seinem Einfluß stand er den Ratspersonen nicht nach. Häufig begegnet der Fall, daß ehemalige Stadtschreiber ins Bürgermeisteramt aufrückten. Ein Beispiel dafür ist etwa der langjährige Stadtschreiber Tobias Schmied (Schmidt), der nach fast 20 Jahren in dieser Funktion 1688 zum Bürgermeister gewählt wurde. Er starb allerdings nach nur zweijähriger Amtszeit.

---

44   Ebenda, H 390, Haushaltsrechnung 1641.

Daneben finden sich in den Besoldungslisten des 17. Jahrhunderts noch zahlreiche nachrangige, auch sozial deutlich tiefer stehende Bedienstete. So beschäftigte die Stadt Stollberg 1684 einen Stadtknecht, einen Stadtpfeifer, einen Röhrenmeister und *„zwey Wehweiber"*. Ein Waldförster beaufsichtigte die gemeindeeigenen Forste (Bürgerwald, Heiliges Holz) und dem Gemeindehirten konnten die Bürger ihr Vieh in Obhut geben. Zum Einkommen der Kirchen- und Schulbediensteten trug die Stadt anteilig bei. Auch zahlte sie Aufwandsentschädigungen für bestimmte Nebentätigkeiten, beispielsweise für die *„Wartung der Feuerspritze"*.[45]

Einen besonderen Platz nahmen die Viertelsmeister in der Stadtverwaltung ein. Als Sprachrohr der Bürgerschaft überwachten sie Ratsbeschlüsse und vermittelten zwischen Rat und Bürgern. Die Stadt Stollberg war in vier Viertel eingeteilt, denen je ein Viertelsmeister vorstand. Sie entstammten traditionell den verbreitetsten Handwerkszweigen, nämlich dem Tuchmacher- und dem Leinwebergewerbe. Als Kontrollinstanz übernahmen sie auch die Überwachung des Markttreibens und prüften die Brot- und Fleischpreise.

An den bisherigen Ausführungen läßt sich unschwer erkennen, daß der Gegensatz zwischen den einflußreichen Ratsfamilien und der nur mittelbar an der Stadtverwaltung beteiligten Bürgerschaft ein gewisses Konfliktpotential in sich barg. Wie stark Spannungen tatsächlich zum Tragen kamen, hing von den jeweiligen Zeitverhältnissen ab. Besonders Not- und Krisenjahre brachten einen bemerkenswerten Gemeinsinn hervor. Das unvoreingenommene Studium der Quellen zeigt die aufrichtige Sorge vieler von der DDR-Geschichtsforschung als „Kriegsgewinnler" gebrandmarkter Ratsherren um das Wohl der Menschen. Es zeigt auch die Bereitschaft weiter Teile der Bürgerschaft, Eigenes zugunsten von Kirche, Schule oder anderen öffentlichen Institutionen zurückzustellen. Gemeinnütziges Denken und Handeln legte den Grundstein für die Erfolge beim Wiederaufbau der Stadt.

Doch es gab auch Zeiten in denen Konflikte offen ausgetragen wurden. Ihren Höhepunkt fanden die innerstädtischen Spannungen in den 1680er Jahren, als 109 Stollberger Bürger, mithin fast ein Drittel der Stadtbevölkerung, in 21 Klagepunkten gegen den Rat opponierten. Kritisiert wurden u. a. willkürliche Ratsentscheidungen, fehlende Transparenz in der städtischen Finanzpolitik und unangemessene Privilegien der Ratspersonen. Immer wieder nahmen die Kläger dabei Bezug auf städtische Einnahmen, deren Verwendungszweck unbekannt sei. So lautete beispielsweise ein Klagepunkt,

---

45   Ebenda, R 121a, Ratsrechnung 1684/85.

es könne „*niemand erfahren, wo dasjenige Geldt, so von denen verkaufften Gemeindestücken, darauf die neuen Häuser gebauet, eingehoben worden, hingewendet seyn*". Ein weiterer Beschwerdepunkt griff die ungleiche Verteilung der städtischen Fronen, Abgaben und Dienste auf: „*Machet sich der Rath von der Wache allzeit frey und schließet sich in allen Sachen aus, läßet aber hingegen der Bürgerschaft die Beschwerung alleine auff dem Halße*".[46] Hier nahm man explizit auf die Verpflichtung der Bürger zur Ableistung von Wachtdiensten Bezug, doch ging es im Grundsatz um alle Dienste, die die Stollberger ihrer Stadt oder dem kurfürstlichen Kammergut zu leisten hatten und von denen sich der Rat befreite. Schließlich gingen die Kläger gegen besonders mißliebige Personen vor, denen sie Arroganz und Willkür vorwarfen. So begegne Stadtschreiber Tobias Schmied Bittstellern auf ihre Anliegen häufig mit höhnischen Worten und Beleidigungen. Schmied seinerseits hielt dagegen, die Bürger träten oft anmaßend, respektlos und trotzig gegenüber Amtspersonen auf.

Den vorgesetzten Behörden waren solche Klagen nicht unbekannt. In vielen Fällen wählten sie den Weg der Vermittlung. Als Vermittler in der Stollberger Streitsache fungierten der Kreishauptmann des Erzgebirgischen Kreises, Haubold von Einsiedel, sowie die Amtsschösser Franciscus Romanus vom Amt Zwickau und Christian Pohle vom Amt Stollberg. Sie erzielten nach fast dreijährigen Verhandlungen am 19. Februar 1683 einen Vergleich, in dem der Stollberger Rat eine transparentere Finanzpolitik versprach, während die Bürgerschaft den Ratsherren bestimmte persönliche Privilegien bestätigte. Zur besseren Kontrolle der kommunalen Finanzen galt seit 1659 in Kursachsen ohnehin die Bestimmung, daß jede Stadt ihre Ratsrechnungen an die vorgesetzte Behörde einreichen mußte.

Sparte die Bürgerschaft in der erwähnten Streitsache nicht mit Schuldzuweisungen an den Rat, so verhielt es sich in anderen Belangen des öffentlichen Lebens genau umgekehrt. Als Beispiel mögen die jährlichen Wehr- und Schießübungen der Bürgerschaft dienen. Diese sollten nach dem Willen des Rates im 17. Jahrhundert im Alltagsleben der Stadt Platz finden, und zwar einmal, um im Notfall zur Verteidigung gerüstet zu sein, und zum anderen, um „*zwecks besserer Aufwartung beim Besuch hoher Personen*" eine Ehrengarde stellen zu können.

In der Praxis mußten hier freilich große Versäumnisse festgestellt werden. Als 1606 kursächsische Offiziere die Stollberger Bürger auf ihre Wehrfähig-

---

46 StA Chemnitz, 32958 Stadtrat Stollberg, Nr. 205, Vergleich zwischen Rat und Bürgerschaft über verschiedene bürgerschaftliche Forderungen, 1683.

keit hin musterten, fielen ihnen etliche Personen auf „*welche kein Rohr laden viel weniger losschießen können*".[47] Fortan fanden sonntägliche Schießübungen mit Gewehr und Armbrust auf dem sogenannten Schießanger in der Oberau statt. In den Wirren des Dreißigjährigen Krieges hörten diese Übungen dann auf. Nach Kriegsende sollten sie wieder aufgenommen werden, doch die ausgesprochene Unwilligkeit der Bürger wirkte hemmend auf die ehrgeizigen Pläne des Rates. Dieser hatte aus seinen Reihen einen Stadthauptmann erwählt, dem mehrere Unteroffiziere zur Seite standen. Von 1667 bis 1686 übte der Ratsherr und spätere Stadtrichter Johann Georg Treffurth die Tätigkeit als Stadthauptmann im Nebenamt aus. Zu seinem Nachfolger wurde dann Johann Friedrich Höckner nominiert. Sowohl Treffurth als auch Höckner litten unter der Widersetzlichkeit und Disziplinlosigkeit der wehrfähigen Bürgerschaft, die „*teils aus alter böser Gewohnheit, teils von jungen Bürgern aus Unverstand*" sich den Übungen entzogen, so daß Geld- und Gefängnisstrafen verhängt werden mußten. Der Spott der Bürger, man solle doch „*keine Reichsstatt oder Festung aus Stollbergk machen*"[48], ging dabei durchaus an den tatsächlichen Erfordernissen der Stadt vorbei. Wenn schon nicht zu Verteidigungszwecken gebraucht, so verlangten Größe und Bedeutung Stollbergs doch zumindest nach einer angemessenen Repräsentanz bei öffentlichen Zeremonien. Solche sind u. a. bei den Besuchen der sächsischen Kurfürsten in Stollberg durchgeführt worden. Die Annalen verzeichnen nach dem Dreißigjährigen Krieg zwei Aufenthalte des Kurfürsten Johann Georg II. in der Stadt, nämlich am 21. Juli 1665 und nochmals am 20. September 1678.[49] In beiden Fällen sorgte eine Bürgergarde für einen standesgemäßen Empfang. Aus den Wehrübungen des 17. Jahrhunderts ging 1743 die Stollberger Schützengesellschaft hervor.[50]

Bislang aus der Betrachtung ausgespart blieb die städtische Gerichtsbarkeit, die, wie bereits erwähnt, im Jahr 1618 eine Erweiterung um die Obergerichtsbarkeit erfahren hatte. Da die Frühe Neuzeit noch keine Trennung von Justiz und Verwaltung kannte, gehörte auch die Rechtsprechung ganz selbstverständlich zur Organisation des öffentlichen Lebens. Dazu beherbergte das Rathaus eine Richterstube, das Stadtgefängnis und eine Marterkammer. Das Stollberger Stadtgericht verhandelte Gerichtsfälle, stellte Verhöre an und

---

47 KA Stollberg, Stadt Stollberg, S 1, Musterung und Ordnung der Bürgerschaft, 1606-1700, Bl.1.
48 Ebenda [unpag.].
49 Diese Aufenthalte standen in Zusammenhang mit zwei Jagdlagern, die der Kurfürst in Schneeberg hielt (Meltzer, Historia Schneebergensis, S. 1381 [1665] und S. 1396f. [1678]).
50 Vgl. Schmidt, Erzgebirgsstadt Stollberg, XXI. Teil, S. 41-44.

Stollberger Marktplatz nach zwei Lithographien aus dem 19. Jahrhundert

vollstreckte Strafen. Zu den häufigsten Straftaten zählten im 17. Jahrhundert Betrug, Tätlichkeiten, Beleidigungen, Glücksspiel und der Verkauf verbotener Waren. In diesen Fällen wurden Geld- oder Gefängnisstrafen verhängt oder aber die öffentliche Zurschaustellung praktiziert. Dafür ließ der Rat 1667 am Markt einen Prangerstein für *„zänkische Weiber"* aufstellen. Aber auch schwere Straftaten, wie Totschlag, Zauberei, Landfriedensbruch oder Gotteslästerung sind bezeugt. In mehreren Fällen erkannten die landesherrlichen Spruchbehörden auf die Todesstrafe. Stollberg hat daher auch im 17. Jahrhundert Hinrichtungen erlebt. Im Jahr 1615 ist beispielsweise die Säckung, d. h. der Tod durch Ertränken, an der Kindesmörderin Anna Löffler im Stollberger Walkteich vorgenommen worden.[51] Aus heutiger Sicht befremdlich, galten solche Exekutionen den Menschen damals als öffentliches Spektakel.[52]

Sozialstrukturen

Daß eine städtische Gesellschaft ganz entscheidend von ihren Sozialstrukturen geprägt wird, ist bereits ansatzweise deutlich geworden. Ein vertiefter Einblick in das soziale Gefüge Stollbergs im 17. Jahrhundert läßt sich unter Verwendung von Quellen zur Einkommens- und Vermögenssituation der Bürger gewinnen.

Das hauptsächliche Unterscheidungsmerkmal der städtischen Bevölkerung war die Ansässigkeit. Nur wer über Haus- und Grundbesitz verfügte, konnte sich der vollen Bürgerrechte erfreuen. Die Besitzstandsverzeichnisse der Frühen Neuzeit trennen daher stets in Grundbesitzer („besessene Mann") und „Inwohner" oder „Hausgenossen", die nur zur Miete wohnten.

Aufgrund ihrer besonderen Entstehungsgeschichte bestanden in der Stadt Stollberg verschiedene Grundbesitzformen nebeneinander. Auf die Zeit der Besiedlung gingen die Bauerngüter an den Talrändern des Gablenzbaches zurück. Ihre Besitzer verfügten über umfangreiche Ländereien und ernährten sich von der Landwirtschaft und Viehzucht. Diesen recht wohlhabenden Ackerbürgern standen die Eigentümer der Bürgerhäuser gegenüber. Die rege Neubautätigkeit seit dem ausgehenden 16. Jahrhundert führte dazu, daß man

---

51 Eine ausführliche Schilderung dieser Hinrichtung findet sich u. a. in: Horst Rößler, Geschichte und Sagen Landkreis Stollberg. Ein Heimatbuch, Bd. 1, Stollberg 1997, S. 47f.
52 Vgl. Richard van Dülmen, Theater des Schreckens. Gerichtspraxis und Strafrituale in der frühen Neuzeit, 4. Aufl. München 1995.

bald „alte" und „neue" Bürgerhäuser unterschied. Mit diesen Begriffen verband sich eine bedeutsame soziale Differenzierung.

Während die „Altbürger" zusätzlich zu ihrem Haus oberhalb der Stadt noch Felder und Weideland besaßen und zahlreiche Privilegien genossen, fehlte all dies den „Neubürgern". So durften nur die Besitzer der alten Bürgerhäuser Vieh halten, Holz aus dem Bürgerwald holen und im Stadtbach fischen.[53] Vor allem aber drückte das ausschließlich den ältesten Häusern zustehende Braurecht eine sozial gehobene Stellung aus. Brauberechtigte Häuser erzielten höhere Verkaufspreise und ermöglichten ihren Besitzern zusätzliche Einnahmen aus dem Bierverkauf. Von den im Jahr 1618 in Stollberg vorhandenen 267 Häusern waren mehr als 100 brauberechtigt. Ihre Lage im Stadtgebiet gibt Aufschluß über die älteren und jüngeren Siedlungsflächen. Mit Ausnahme der Bauerngüter gruppierten sich die brauberechtigten Häuser um die Herrengasse, die Pfarrgasse, die Niedergasse, die Schloßgasse und den Roßmarkt.[54]

Zwischen den privilegierten Altbürgern und den Neusiedlern bestanden erhebliche Spannungen. Denn naturgemäß strebten die Neubürger nach einer Gleichstellung mit den Privilegierten und nach Mitspracherechten in Gemeindeangelegenheiten. Als Repräsentant der alteingesessenen Bürgerschaft klagte der Rat 1619, die Neubürger unterständen sich *„die (selben) Gerechtigkeiten in der Gemein zu haben, gleich den alten erbaueten Häusern".*[55] Die fortschreitende Zeit überholte jedoch bald die hier noch so zäh verteidigten Unterschiede, zumindest was die sozialen Aufstiegsmöglichkeiten anging.

Denn diese orientierten sich letztlich nicht allein an der Qualität des Grundbesitzes, sondern auch an beruflichen Erfolgsaussichten. Zu der wohlhabenden Oberschicht zählten neben den grundbesitzenden Ackerbürgern vor allem weltliche und geistliche Amtspersonen, Gasthofsbesitzer, Kaufleute und Tuchhändler. Innerhalb der zahlenmäßig stärksten Berufsgruppe der Tuchmacher und Leinweber trat auch die größte soziale Streuung auf. Den vermögenden und einflußreichen Innungsobermeistern dieser Branche standen mittlere und untere Einkommensgruppen bis hin zu völlig verarmten Meistern gegenüber.

Wie breit das soziale Spektrum Stollbergs tatsächlich war, sollen einige Beispiele verdeutlichen. Als der bereits erwähnte Bürgermeister und Luxuswa-

---

53 Vgl. Schmidt, Erzgebirgsstadt Stollberg, VI. Teil, S. 208.
54 Vgl. ebenda, V. Teil, S. 188f.
55 Zitiert nach: ebenda, VI. Teil, S. 208.

renhändler Andreas Meurer 1603 starb, hinterließ er ein Wohnhaus mit Garten, ein Ladenhaus am Markt, eine Scheune, zwei Waldstücke, zwei Wiesen und vier Teiche, dazu zwei Kühe, Bargeld in Höhe von knapp 1.300 Gulden und eine Fülle von Sachwerten. Die Nachlaßakte[56] verzeichnet Gold- und Silberschmuck aller Art, von der Halskette bis hin zum übergoldeten Zahnstocher, wertvolles Bettzeug und Möbel sowie Unmengen an Kleidung, unter denen mehrere Pelze Beachtung verdienen. Neben den persönlichen Gegenständen fanden sich in seinem Laden erlesene Gewürze (Pfeffer, Safran, Mandeln, Nelken, Ingwer, Rosinen, Zimt) und begehrte Stoffe (Leinwand, Barchent, Seide) im Wert von über 400 Gulden. Den mit Abstand größten Posten nahmen Schuldverschreibungen ein, die er als Kreditgeber von seinen Mitbürgern zu fordern hatte, und die den enormen Nennwert von etwa 14.500 Gulden erreichten. Für diesen Betrag hätten die Erben Meurers mehrere repräsentative Gebäude zugleich kaufen können. Offenbar bestand dafür gar keine Notwendigkeit, denn das Wohnhaus des Verstorbenen erfüllte zweifellos auch dieses Kriterium. Laut Nachlaßverzeichnis bestand es aus 10 großen Zimmern, zu denen u. a. auch eine „Gastkammer", ein „Schulstüblein" und eine „Sommerstube" gehörten. Meurers Vermögensverhältnisse weisen ihn als markanten Vertreter der sozialen Elite Stollbergs aus. Einen ähnlichen Rang behaupteten später die Höckners.

Von besonderem Interesse an der Hinterlassenschaft des Bürgermeisters ist noch seine Bibliothek. Neben der Bibel besaß Meurer eine ganze Reihe theologischer Bücher und geistlicher Erbauungsliteratur sowie Predigtsammlungen. Aber auch „ein Kreuter Buch", ein Buch über Münzsorten und diverse juristische Schriften listet das Inventar auf. Wie breit Meurers Interessen gestreut waren, verdeutlicht ferner die „Meißnische BergkChronica" von Petrus Albinus (1543-1598) aus dem Jahr 1589, die populäre Weltbeschreibung („Cosmographia") Sebastian Münsters (1488-1552) und ein Werk zur Vorbeugung der Pest („Praeservation contra Pestae"). Ein solcher Buchbestand deutet auf den engen Zusammenhang von hoher Bildung, vielfältigen gesellschaftlichen Kontakten und Sozialprestige hin. Im kleinstädtischen Milieu Stollbergs dürfte Meurers Bibliothek damals einmalig gewesen sein.

Als deutlich weniger vermögend, aber immer noch überdurchschnittlich gut situiert läßt sich der Diakon Tobias Landrock († 1675) einordnen. Auch er besaß mehrere Immobilien mit landwirtschaftlicher Nutzfläche, vier Kühe, ein standesgemäßes Kleidungskontingent und beträchtlichen Hausrat. Sein

---

56   StA Chemnitz, 30017 Amt Stollberg, Nr. 474, Inventar des Bürgermeisters Andreas Meurer, 1603.

vielfältiger Werkzeugbestand weist darauf hin, daß der Geistliche neben seinen Amtsverrichtungen im Feldbau und in der Viehzucht sehr aktiv war.[57] Landrocks Erwerbsverhältnisse verdeutlichen außerdem, daß Krisenzeiten dann einfacher bewältigt werden konnten, wenn man mehrere Einkommensquellen besaß.

Das war bei dem Schuster Balthasar Felber nicht der Fall. Er konnte sich nur auf seine Profession stützen. Seine Abhängigkeit von der Marktlage verhin-

Diakonat, heute Pfarrstraße 4

derte ein soziales Emporkommen. Im sozialen Spektrum Stollbergs nahm er einen Platz im breiten Mittelfeld ein. Als Felber 1632 starb, hinterließ er in seiner Werkstatt 28 Paar Schuhe und ein Sortiment von fast 50 verschiedenen Schusterwerkzeugen und 200 Paar Leisten. Einfaches Zinngeschirr und ansehnliche, aber nicht luxuriöse Kleidung und Möbel fanden sich in seinem Wohnhaus, dessen Wert 500 Gulden betrug. Jedoch hatte der Schuster zu Lebzeiten 200 Gulden Schulden gemacht, die die Erben nun aus dem Verkaufserlös der Immobilie begleichen mußten. Auch hier seien die hinterlassenen Bücher kurz erwähnt: Neben einer Lutherbibel von 1555 waren dies einige Predigtbände, ein Buch über das Jüngste Gericht, der *„Geistliche Menschenspiegel"* von Michael Neander (1525-1595), Nikolaus Selneckers

57   Ebenda, Nr. 463, Verlassenschaft des Diakons Tobias Landrock, 1676.

(1530-1592) Auslegung des Psalters und *„etzliche Schulbücherlein"*.[58] Die beinahe ausschließlich theologische Literatur Felbers spiegelt etwas von der tiefen Frömmigkeit vieler Handwerkerfamilien des Erzgebirges wieder. Die Vielfalt der Titel legt eine hohe Lesefähigkeit nahe.

Die drei Beispiele aus unterschiedlichen sozialen Schichten sind nun nur noch durch die Gruppe der Mittellosen zu ergänzen. Armut und Bettelwesen gehörten im 17. Jahrhundert zu den alltäglichen Erscheinungen. Trotz vielfältiger Bemühungen zeigten sich die Städte bei der Armutsbekämpfung massiv überfordert. Zwar gab es Armenhäuser, doch wies das Armenwesen einen sehr geringen Organisationsgrad auf. Almosen und milde Stiftungen linderten zumindest die Not.[59]

Wie sich leicht ermessen läßt, hing das Ausmaß von Armut und Verelendung ganz wesentlich von den Zeitverhältnissen ab. Die Katastrophe des Dreißigjährigen Krieges zeigt, wie wenig sich die Stollberger Bürger in Notzeiten vor Vermögensverlust schützen konnten. An Stiftungen für Arme bestand in Stollberg indes kein Mangel. Das schon mehrfach betonte Verantwortungsbewußtsein der Vermögenden kam auch hier zum Tragen. Durchsucht man die Testamente von Bürgermeistern, Ratsherren, Pfarrern und wohlhabenden Handwerkern, so stößt man schnell auf zweckgebundene Gaben, die mittellosen Kindern, Lehrlingen oder Witwen zukommen sollten.

Auch das Hospital St. Barbara ist in diesem Zusammenhang zu nennen. Es geht auf eine Stiftung der Herren von Schönberg zurück und wird schon 1549 erwähnt. Die Stiftungsurkunde gilt als verschollen, doch ergibt die Einsicht in spätere Akten, daß die Einrichtung zum Erhalt von zwölf armen Leuten bestimmt war.[60] Diese setzten sich im 17. Jahrhundert aus sechs „Hospitalisten" und sechs „Hausarmen" zusammen. Nur die Hälfte der Anspruchsberechtigten wohnte also auch im Hospital, das sich damals *„am unteren Ende der Stadt"* befand.[61]

Über diese allgemeinen Erkenntnisse hinaus läßt sich das Stollberger Armenwesen in Ermangelung wissenschaftlich fundierter Untersuchungen bislang allerdings kaum näher beschreiben. Das muß zukünftigen Forschungen vorbehalten bleiben.

---

58 Ebenda, Nr. 435, Nachlaß Balthasar Felbers in Stollberg, 1632.
59 Forschungsliteratur zum sächsischen Armenwesen ist bislang kaum vorhanden. Vorbereitend für weitere Forschungen ist vor einiger Zeit erschienen: Helmut Bräuer/Elke Schlenkrich (Hgg.), Armut und Armutsbekämpfung. Schriftliche und bildliche Quellen bis um 1800 aus Chemnitz, Dresden, Freiberg, Leipzig und Zwickau. Ein sachthematisches Inventar, 2 Halbbde., Leipzig 2002.
60 Die Hospitalrechnungen im Pfarrarchiv Stollberg reichen bis 1620 zurück. – Vgl. Löscher, Pflege Stollberg, Bd. 2, S. 89 und ausführlich Schmidt, Erzgebirgsstadt Stollberg, XVII. Teil, S. 230-232.
61 An der heutigen Chemnitzer Straße am „Haus des Handwerks", zuvor Restaurant „Drei Kronen".

Handwerk und Gewerbe

Enge Zusammenhänge bestehen zwischen den Sozialstrukturen und dem Wirtschaftsprofil der Stadt Stollberg. Als ökonomisches Zentrum der Region zeichnete sich das Gemeinwesen durch eine beachtliche gewerbliche Vielfalt aus. Einzig der Bergbau hat hier nie eine Rolle gespielt.

Einen traditionellen Erwerbszweig stellte die Landwirtschaft dar, die in der Gründungsphase Stollbergs dominierte, später jedoch stetig an Bedeutung verlor. Die Stadtflur läßt erkennen, daß Stollberg ursprünglich 23 Bauerngüter besaß, von denen die meisten noch in der Neuzeit bewirtschaftet wurden. Der überwiegende Teil der Stadtbevölkerung ging jedoch einem Handwerk nach. Wie bereits erwähnt, breitete sich besonders die Tuchmacherei und Leinweberei in Stollberg aus. Bereits vor dem Dreißigjährigen Krieg spricht die Literatur von „mehreren Hundert"[62] Tuchmachermeistern. Diese Angabe ist nicht zu wörtlich zu nehmen, sie zeigt aber zweifelsfrei die Dominanz dieses Handwerkszweigs an. Nach dem Dreißigjährigen Krieg liegt dann genaues Zahlenmaterial vor: 1666 wurden in 265 Häusern 115 Tuchmacher und 30 Leinweber gezählt.[63] Diese Stärke hat das Tuchmacherhandwerk auf Dauer nicht halten können. Für das Jahr 1785 nennt Friedrich Schmidt nur noch 84 Tuchmacher.[64] Im 19. Jahrhundert erlosch dieses Gewerbe im Zuge der Industrialisierung dann ganz.

Neben den Tuchmachern waren in Stollberg auch die traditionellen Berufe der Bäcker, Fleischer, Schmiede und Schuhmacher zahlenmäßig gut vertreten, wie die nachstehende Tabelle belegt.

Handwerker nach Berufen um 1670[65]

Tuchmacher	115	Bäcker	14
Tuchscherer	3	Fleischer	8
Leinweber	30	Schmiede	7
Schuhmacher	12	Böttcher	4
Schlosser	2		

---

62 Friedrich Georg Wieck, Sachsen in Bildern, Chemnitz 1841/42, Reprint Chemnitz 1990, S. 115
63 Dt. Städtebuch, Bd. II, S. 215.
64 Schmidt, Erzgebirgsstadt Stollberg, XVIII. Teil, S. 247.

Nicht erfaßt sind Berufe, die nur von Einzelpersonen ausgeübt wurden. Dazu zählten beispielsweise ein Lohgerber, ein Schwarzfärber, ein Wagner und der 1698 erstmals erwähnte und namentlich bekannte Zinngießer Johann Georg Lohs d. Ä. Eine Erhebung aus dem Jahr 1699 nennt insgesamt 14 Handwerksberufe.[66] Alle größeren Berufsgruppen waren in eigenen Innungen organisiert. Zu den ältesten Stollberger Innungen zählte die Tuchmacherinnung, die bereits 1549 von Heinrich von Schönberg ihre Artikel bestätigt bekam. Ähnlich verhielt es sich mit den Innungsartikeln der Schneider (1550) und der Zeug- und Leinweber (1569). Andere Berufe bildeten Gemeinschaftsinnungen, so etwa das vereinigte Schmiede-, Wagner-, Böttcher-, Schlosser-, Schuhmacher-, Gerber- und Seilerhandwerk. Das Erstarken einzelner Handwerkszweige führte hier im Laufe der Zeit zur Abtrennung eigener Innungen, namentlich der Schuhmacher im Jahr 1584. Die größten Stollberger Innungen unterhielten in der Stadt eigene Meisterhäuser. Deren bedeutendstes war wiederum das Haus der Tuchmacher an der Schloßgasse. Es ist 1679 verkauft worden. Das Handwerk siedelte daraufhin in die Walkmühle über.

Eine ebenso übliche Organisationsform stellte die Zugehörigkeit kleiner Berufsgruppen zu auswärtigen Innungen dar. Als Beispiel hierfür mögen die Stollberger Fleischer dienen, die sich bis 1607 zur Schneeberger Innung hielten und dann selbständig wurden.

Von der Lehrzeit über die Wanderjahre bis zur Meistersprechung regelten die Stollberger Innungen sämtliche Belange ihres Handwerks in einer Form, die nicht von den sonst in Sachsen üblichen Grundsätzen abwich. Die Innung bot Schutzräume und besaß verpflichtenden Charakter zugleich, denn außerhalb der Innung war die handwerkliche Betätigung geächtet. Entsprechend rigoros ging man gegen „Störer und Pfuscher" vor, die heimlich und unorganisiert produzierten.

Andererseits bedeutete die allzu freizügige Aufnahme von Innungsmitgliedern, daß in wirtschaftlichen Krisenzeiten kaum Arbeit für alle Meister vorhanden war. Die soziale Differenzierung in den größeren Innungen war im 17. Jahrhundert weit fortgeschritten. Völlig verarmten Mitgliedern standen solche Meister gegenüber, die den Übertritt in die wohlhabende Kaufmannsschicht geschafft hatten. Ein bedeutendes Handelspotential lag dabei wiederum in der Vermarktung der feinen Stollberger Tuche, die auf Messen europäischen Ranges, wie der Leipziger Messe, eine starke Nachfrage und hohe

---

65 Zahlenangaben folgen wiederum Schmidt, in: ebenda, S. 246-248.
66 Keller, Kursachsen am Ende des 17. Jahrhunderts, S. 155 (Tabelle 1).

Preise erzielten.

Von den gemeinschaftlich arbeitenden Handwerkern unterschieden sich diejenigen Erwerbstätigen, die ein Privileg zur alleinigen Ausübung ihrer Profession besaßen. Solche Privilegien waren ganz im Sinne der in vorindustrieller Zeit üblichen protektionistischen Gewerbepolitik abgefaßt und schützten den Inhaber vor jeglicher Konkurrenz. 1651 war es z. B. dem Schwarzfärbermeister Joachim Zückler d. Ä. gelungen, vom Stollberger Rat eine derartige Konzession zu erhalten, die im übrigen der Bestätigung durch den Kurfürsten bedurfte. Sie galt nur persönlich, d. h. der Sohn und Nachfolger Joachim Zückler d. J. mußte 1668 ein neues Privileg beantragen.[67]

Privilegierung war vor allem bei Sondergewerken und nicht alltäglichen Erwerbszweigen verbreitet. Das prominenteste Beispiel Stollbergs ist die Apotheke „Zum Propheten Daniel" des Ratsherrn, Stadtrichters und Apothekers Daniel Götze. Die Gründung dieser ersten städtischen Apotheke geht auf das Jahr 1668 zurück. Ihre Räume befanden sich an der unteren Marktseite gegenüber der Jakobikirche. Götze scheint sehr rührig gewesen zu sein und sehr professionell gearbeitet zu haben, denn bei einer 1696 erfolgten Überprüfung stellte der Chemnitzer Stadt- und Landphysikus Christian Friedrich Germann der Apotheke ein ausgezeichnetes Zeugnis aus.[68] Doch erst 1698 erhielt Götze ein kurfürstliches Privilegium, das die Gründung weiterer Apotheken in Stollberg verbot.

Einen eigenständigen Beitrag zum Wirtschaftsleben Stollbergs leisteten auch die Mühlen und Gasthöfe der Stadt. Friedrich Schmidt nennt fünf Mühlen entlang des Gablenzbaches: die Walkmühle am Walkteich und die Herren- oder Ratsmühle unterhalb des Marktes, beide in städtischem Besitz, ferner die Nebelmühle unterhalb des Roßmarktes, die Schiefermühle am Ausgang der Stadt und die Hertelmühle an der Stadtgrenze. Die Schiefer- und die Hertelmühle waren Schneidemühlen.[69] Bedeutende Gasthöfe besaß Stollberg in Gestalt des „Weißen Rosses" und des „Goldenen Adlers", die sich an der Oberseite des Marktes gegenüberlagen.

Schließlich bedarf der Markthandel einer Erwähnung. Obwohl verkehrsgünstig gelegen, besaß Stollberg im 17. Jahrhundert nur einen Jahrmarkt. Dieser ging auf spätmittelalterliche Verleihung zurück und fiel auf den Mittwoch nach Pfingsten. Zeitgenössische Schilderungen überliefern sehr pla-

---

67 KA Stollberg, Stadt Stollberg, Z 26, Joachim Zücklers angesuchtes Privilegium, 1668.
68 Ebenda, A 319, Von Stadtrichter und Apotheker Daniel Götze gesuchtes Privilegium, 1696.
69 Schmidt, Erzgebirgsstadt Stollberg, III. Teil, S. 132.

stisch die Ausbreitung der Händler über die Herrengasse, die Pfarrgasse und den Roßmarkt, wo sich in Deutung des Namens der Viehhandel abgespielt haben muß. Bezeugt ist ferner eine Vielzahl auswärtiger Händler. Die spärliche Abhaltung von Markttagen ließ Stollberg als Handelsplatz gegenüber den umliegenden Städten Lößnitz, Lichtenstein und Hohenstein jedoch rasch ins Hintertreffen geraten. Viele Besucher Stollbergs wandten sich nun dorthin um einzukaufen. Erst 1719 und 1766 kamen in der Stadt selbst weitere Jahrmärkte hinzu.

Nach besonders strengen Regeln lief der Salzhandel ab. Der Vertrieb dieses Gutes erfolgte ebenfalls aufgrund mittelalterlicher Privilegierung aus dem Jahr 1444. Neubestätigungen nahmen die sächsischen Kurfürsten 1613 und 1667 vor.[70] Der Salzverkauf fand im Gewölbe des Rathauses statt. Er wurde vom Rat einem Pächter übertragen. In Kriegs- und Pestzeiten mußte er mehrfach ausgesetzt werden. Denn auch dies gilt wiederum für alle genannten Erwerbszweige: Erfolg oder Mißerfolg jeglicher wirtschaftlicher Betätigung hingen neben persönlichem Fleiß, Geschäftssinn und Kapitaleinsatz sehr stark von Krisen und Konjunkturen ab. Das 17. Jahrhundert war diesbezüglich zweifellos eine besonders bewegte Zeit.

Kirche und Schule

Breiten Raum nahmen im öffentlichen Leben Stollbergs im 17. Jahrhundert Glaube und Frömmigkeit ein. Sichtbarer Ausdruck dessen waren die Kirchen der Stadt, die sich schon allein topographisch im Zentrum des Gemeinwesens befanden. Aber auch ein reges und vielfältiges gottesdienstliches Leben ist hier zu nennen. Dieses konzentrierte sich auf die Stadtkirche St. Jakobi am Markt, während die Marienkirche als das älteste Stollberger Gotteshaus und einst vermutlich Pfarrkirche der gesamten Herrschaft Stollberg[71], im Barockzeitalter längst zu einer Begräbniskapelle abgesunken war. Nichtsdestotrotz hat sich in der Marienkirche bis heute eine ansehnliche spätmittelalterliche Sakralkunst erhalten.[72] Baugestalt und Einrichtung der ersten, seit 1440 erwähnten Jakobikirche sind dagegen vollständig dem verheerenden Brand vom 5. August 1633 zum Opfer gefallen. Das gottesdienstliche Leben ist dennoch zu keiner Zeit zum Erliegen gekommen. Von der Zerstörung des

---

70   KA Stollberg, Stadt Stollberg, U 1, Neubestätigung des freien Salzmarktes, 1613.

Gotteshauses 1633 bis zur festlichen Weihe des Neubaus im Jahr 1659 hat man die Marienkirche genutzt.

Die neu errichtete Jakobikirche ist mit großem finanziellem und auch persönlichem Engagement der Bürgerschaft würdevoll ausgestaltet worden. Es darf als bemerkenswert gelten, daß gerade in den Jahren nach dem Dreißigjährigen Krieg trotz widriger Zeitumstände die heute wertvollsten sakralen Kunstwerke entstanden sind, wie der letzte Beitrag in diesem Band deutlich macht. Freilich haben die Zeitgenossen bei der Inneneinrichtung der Kirche wiederum auch das soziale Prestige nicht außer acht gelassen. Für die Ratsherren wurden privilegierte Sitzplätze, die sogenannte Ratsloge, eingerichtet und vermögende Privatpersonen schufen sich eigene, separate Seitenkapellen. Das kirchliche Leben Stollbergs vollzog sich im 17. Jahrhundert in den Bahnen der lutherischen Orthodoxie.[73] Nach dem Skandalfall um den Pfarrer Christoph Lossius, der 1593 wegen Ehebruchs des Landes verwiesen worden war[74], beruhigte sich die Lage rasch wieder. Im Zentrum des geistlichen Lebens standen die öffentlichen Gottesdienste, die an den Sonntagen vormittags und nachmittags stattfanden. Mittwochs und freitags wurden zusätzlich Wochenpredigten gehalten. Hinzu kam eine reichhaltige Fest- und Feiertagskultur, die neben der Begehung der christlichen Hochfeste (Weihnachten, Ostern, Pfingsten) und des Reformationstages (31. Oktober) auch die Zelebrierung von Bußtagen und Friedensdankfesten beinhaltete.[75] Gerade die theologische Deutung von Krieg und Pest als Strafen Gottes haben Bußgottesdienste in diesem 17. Jahrhundert zu einer elementaren Ausdrucksform zeitgenössischer Frömmigkeit gemacht. Umso hingebungsvoller sind dann nach überstandenem Leiden freilich auch die Dankgottesdienste gefeiert worden, allem voran das große Friedensdankfest vom 22. Juli 1650 anläßlich der Beendigung des Dreißigjährigen Krieges.

Das Kirchspiel Stollberg umfaßte zum damaligen Zeitpunkt neben der Hauptkirche St. Jakobi und der Tochterkirche Brünlos auch die eingepfarr-

---

71 Löscher, Pflege Stollberg, Bd. 2, S. 87. – Gegenteilig: Walter Schlesinger, Kirchengeschichte Sachsens im Mittelalter, Bd. 2, Köln/Graz 1962, S. 388f.

72 Vgl. dazu überblickmäßig u. a.: Theodor Gelbe, Die Marienkirche zu Stollberg, Stollberg 1882; Steche, Darstellung der älteren Bau- und Kunstdenkmäler des Königreiches Sachsen, S. 56-59; Walther Schurig, Die Marienkirche zu Stollberg im Erzgebirge, Stollberg 1933; Walter Schlesinger, Handbuch der historischen Stätten Deutschlands. Sachsen, Stuttgart 1965, S. 337-340; 650 Jahre Stadtrecht Stollberg. Jubiläumsschrift 1343-1993, Stollberg 1993, S. 19-21; Matthias Donath, St. Marien Stollberg, Merseburg 1996.

73 Franz Blanckmeister, Sächsische Kirchengeschichte, 2. Aufl. Dresden 1906, S. 171-233.

74 Wetzel, St. Jakobi Stollberg, S. 40.

75 Ausführlicher: Ebenda, S. 62-67.

ten Dörfer Gablenz, Oberdorf, Mitteldorf, Niederdorf, Oberwürschnitz und Niederwürschnitz. Betreut wurde diese große Gemeinde von zwei Geistlichen. Dem Pfarrer stand ein Diakon helfend zur Seite. Zu ihrem Einkommen zählte freier Wohnraum und Grundbesitz, den sie landwirtschaftlich nutzten. Als weitere Kirchenbedienstete sind der Kantor, der Organist und der Kirchner zu nennen, die teilweise zugleich mit schulischen Aufgaben betraut waren.

Das Schulwesen ist bislang kaum erforscht. Die wenigen Fakten, die man zusammengetragen hat, vermögen kaum mehr als ein fragmentarisches Bild über den Stellenwert der Schule in der damaligen Zeit zu entwerfen. Bereits in vorreformatorischer Zeit besaß Stollberg eine Lateinschule an der Pfarrgasse oberhalb des späteren Diakonats. Stollberger Bürgersöhne, die später in den Matrikeln der Universität Leipzig auftauchten, erhielten hier ihre erste Bildung vermittelt. Seit 1580 bestand auch eine Mädchenschule an der Brükkenstraße. Das reformatorische Bestreben nach Hebung des Schulwesens zeigte allerdings offenbar nur sehr zögerliche Erfolge. Bei den Stollberger Kirchen- und Schulvisitationen mußte häufig eine Fülle von Mängeln beanstandet werden. Diese reichten von der Saumseligkeit der Lehrer, die aufgrund mangelhafter Besoldung lieber anderen Tätigkeiten nachgingen, über die unregelmäßige Anwesenheit der Schüler bis hin zu pädagogisch fragwürdigen Lehrmethoden. Immerhin stieg im Laufe der Zeit die Anzahl der Lehrer. In den Ratsrechnungen des 17. Jahrhunderts werden drei Lehrerstellen an der städtischen (Knaben-)Schule und eine „Schulmeisterin" an der Mädchenschule genannt. Diese schulischen Zustände unterschieden sich kaum von denen anderer erzgebirgischer Kleinstädte. Den ausgezeichneten Ruf, den Stollberg heute als Bildungsstandort genießt, hat die Stadt erst im 19. Jahrhundert erworben.

3. Die Stadt und ihre Bauten

Der Charakter einer Zeit und die inneren Strukturen einer Stadt finden stets Ausdruck in Form von Bauwerken. Deshalb soll der letzte Abschnitt dieses Beitrags dem äußeren Erscheinungsbild des barocken Stollberg gewidmet sein.

Architektonisch bildeten die beiden großen Stadtbrände vom 5. August 1633 und vom 4. September 1809 tiefe Einschnitte. Sie veränderten das Aussehen der Stadt zum Teil gravierend, wenngleich man beim Wiederaufbau der zerstörten Häuser häufig auf die alten Grundmauern zurückgriff.

Das Aussehen Stollbergs zu Beginn des Dreißigjährigen Krieges ist anhand der Federzeichnung von Wilhelm Dilich bereits behandelt worden. Für die unmittelbare Nachkriegszeit sind leider keine Bildquellen vorhanden, weshalb schriftliche Hinweise und Stadtansichten aus späteren Jahren zur Beschreibung des Stadtbildes Verwendung finden müssen. Die meisten Informationen lassen sich dabei über die öffentlichen Bauten gewinnen, speziell über jene, die sich in Marktnähe befanden.

Um den Marktplatz gruppierten sich die wichtigsten weltlichen und geistlichen Gebäude der Stadt. Das Rathaus befand sich an der unteren Marktseite am Platz des heutigen Amtsgerichts. Friedrich Schmidt hat sein Äußeres derart beschrieben, daß es aus einem Erd- und einem Obergeschoß mit geräumigem Boden, Schindeldach und Glockenstuhl bestand. Das zeittypische Fachwerk war am Obergeschoß zu sehen.[76] Die vielfältigen Funktionen des Gebäudes spiegelten sich baulich wider. Neben den bereits erwähnten Sitzungs- und Gerichtsräumen (mit angebautem Gefängnis und Marterkammer im Keller), verfügte das Rathaus über zwei auffällige Anschlagtafeln, an die man obrigkeitliche Erlasse und Bekanntmachungen aller Art anheften konnte. Als ein wichtiges polizeiliches Instrument läutete auf dem Dach die Stadtglocke. Im Gewölbe schließlich fand der Salzverkauf statt. Dort tat auch die große Stadtwaage ihren Dienst. Der Geselligkeit diente die Schankstube, seit 1692 auch „Ratskeller" genannt.

Wie schon erwähnt, hatte der Stadtbrand von 1633 das Rathaus stark beschädigt und der nur mangelhafte Wiederaufbau 1691 zum Einsturz von Gebäudeteilen geführt. Der Rathausneubau begann im Frühjahr 1692. Zumindest erhielten im Mai jenes Jahres die Maurer ihren ersten Lohn ausgezahlt. Ne-

---

76   Schmidt, Erzgebirgsstadt Stollberg, VIII. Teil, S. 254-257.

ben einheimischen Handwerkern wurden auch auswärtige Meister zur Mithilfe herangezogen. So weist die Baurechnung u. a. den Zwönitzer Tischler und Bildhauer Gottfried Ullrich als Hersteller der Türen aus.[77] Parallel dazu hat Ullrich im übrigen die Innenausstattung der Zwönitzer Stadtkirche St. Trinitatis geschaffen. Um Ullrich und all die anderen beteiligten Handwerker überhaupt bezahlen zu können, mußte der Stollberger Rat bei dem Amtmann von Reichenbach *„zur Vollendung unseres angefangenen Rathhausbaues"* 1693 600 Gulden borgen.[78] Doch erst im Jahr 1700 konnte die erste Ratssitzung in dem neuen Gebäude abgehalten werden. Eine Steintafel, die wiederum eng mit der Höcknerschen Familiengeschichte verbunden ist, kündet bis heute von dem damaligen Baugeschehen.[79]

Zum Ensemble der öffentlichen Bauten in Marktnähe gehörte als zweites die Stadtkirche St. Jakobi. Ihre 1659 vollendete Baugestalt folgte zwar den Formen des Barock, jedoch in schlichterer Art, als das in anderen Orten der Fall war. Kennzeichnend für die ungünstigen Zeitumstände, unter denen man sie fertigstellte, fiel den Besuchern Stollbergs das Fehlen eines Kirchturms ins Auge. Aus Geldmangel erhielt das Gotteshaus nur ein kleines Spitztürmchen. Die Glocken fanden ihren Platz in einem hölzernen Glockenhaus neben der Kirche. Erst 1878 konnte ein Turmbau in Angriff genommen werden. In unmittelbarer Nähe der Kirche befanden sich die alte Lateinschule, nunmehr Knabenschule genannt, und das Diakonat, ihm gegenüber das 1689 in kirchlichen Besitz gelangte Pfarrhaus, die spätere Superintendentur. Den Raum zwischen dem Rathaus und den geistlichen Gebäuden füllten private Geschäftshäuser aus, etwa das Höcknersche Ladengeschäft oder hangabwärts in Richtung Mühlgraben die alte Apotheke.[80]

Die gegenüberliegende obere Marktseite dominierten zwei Gasthöfe. Das waren das „Weiße Roß" an der Ecke zur Hohensteiner Straße und der benachbarte „Güldene Adler". Während der „Güldene Adler" um 1620 entstanden sein soll, reicht die belegte Geschichte des „Weißen Rosses" bis ins 16. Jahrhundert zurück. Beide Gasthöfe zählten 1633 zu den am schwersten zerstörten Gebäuden der Stadt und mußten mit großem Kostenaufwand neu errichtet werden. Das wäre wohl kaum möglich gewesen, hätten nicht Vertreter der Stollberger Oberschicht diese Objekte besessen. Das „Weiße Roß"

---

77 KA Stollberg, Stadt Stollberg, R 566, Belege zum Rathausneubau, 1692-1694.
78 Zitiert nach: Schmidt, Erzgebirgsstadt Stollberg, VIII. Teil, S. 257.
79 Siehe unten S. 90.
80 Den Marktgrundriß im Jahr 1809 rekonstruiert Schmidt, Erzgebirgsstadt Stollberg, VII. Teil, S. 225.
81 Vgl. ebenda, S. 225-227.

befand sich lange Zeit in der Hand des Bürgermeisters Georg Weißbach und ging später auf Michael Blüher über, der ebenfalls Bürgermeister wurde. Den „Güldenen Adler" nannte in den 1680er Jahren der kursächsische Amtsschösser Christian Pohle sein eigen. Die benachbarten Gasthöfe scheinen einander baulich geähnelt zu haben. Ihre Giebelseiten waren nach dem Markt hin ausgerichtet. Zu beiden Anwesen gehörten Scheunen, Stallungen und Grundbesitz.[81] Solche Zubehörungen besaßen viele Häuser der Innenstadt. Die Bebauung ist daher im Vergleich zu späteren Zeiten als deutlich aufgelockerter anzunehmen.

Die repräsentativsten Bürgerhäuser befanden sich von alters her entlang der Herrenstraße, an deren Ende die Marienkirche ihren Platz hatte. Die Marienkirche hat weit über das 17. Jahrhundert hinaus die Gestalt bewahrt, die sie einst durch Umbauarbeiten an der ursprünglich romanischen Anlage bis etwa 1500 erhalten hatte. Ein schlanker Dachreiter machte die ansonsten äußerlich einfache Kirche weithin sichtbar. Nach ihrer kriegsbedingten Nutzung anstelle der zerstörten Jakobikirche fiel sie seit 1659 in den Status der „Totenkirche" zurück. In ihrer Nähe befand sich der schon im 16. Jahrhundert aus dem Stadtzentrum an die Peripherie verlegte Friedhof.

Marienkirche nach einer Lithographie aus dem 19. Jahrhundert

Außerhalb bzw. in einiger Entfernung zum Zentrum verdienen noch die Herrenmühle und das Brauhaus am Mühlgraben Erwähnung, da beide sich in städtischem Besitz befanden. Die Tuchmacher besaßen neben dem bereits erwähnten Meisterhaus in der Schloßgasse noch die Walkmühle und zwei Farbhäuser am unteren Ende der Stadt. Die „Unterstadt" um den heutigen Postplatz galt als Wohnstätte minderer Qualität. Zum einen lag das als Armenquartier genutzte Hospital nicht weit, zum anderen befanden sich hier intensiv bewirtschaftete Anlagen, wie die Schiefermühle, das „niedere Vorwerk" (Bellevue) und eine Pechhütte. In der Gesamtschau ergeben diese Bauten das Bild einer regen, betriebsamen Kleinstadt. Das ist Stollberg in jenem 17. Jahrhundert zweifellos gewesen und selbst die traumatischen Ereignisse des Dreißigjährigen Krieges konnten daran nicht dauerhaft etwas ändern.

Gunter Lasch

Die Stollberger Patrizierfamilie Höckner und ihr gesellschaftliches Umfeld

1. Anfänge im Dunkel der Geschichte

Die Herkunft des Namens Höckner

Die Familiengeschichte der Stollberger Höckner hat, soweit sie uns bekannt ist, ihre Höhepunkte im 17. und 18. Jahrhundert. Natürlich sind die Anfänge dieser Familienhistorie interessant, weshalb auch entsprechende Nachforschungen erfolgten, die jedoch bald auf deutliche Grenzen stoßen mussten, weil die überkommenen schriftlichen Quellen für das Bürgertum in der Regel erst im 16. Jahrhundert einsetzen, meist sogar an dessen Ende. Das älteste Stollberger Kirchenbuch, mit den Aufzeichnungen über Taufen, Trauungen und Beerdigungen die wesentlichste Quelle, beginnt im Jahr 1594. Leider besteht schon 16 Jahre später, von 1610 bis 1633, eine große Lücke, die auf den schon erwähnten Stadtbrand von 1633 zurückzuführen ist, bei dem das gerade in Nutzung befindliche Buch den Flammen zum Opfer fiel. Glücklicherweise überstand das erste, 1594 begonnene und an einem anderen Ort verwahrte Buch den Brand. In mancher Stollberger Nachbarpfarrei, z. B. in Oelsnitz, ist die Situation noch ungünstiger, weil die ersten Kirchenbücher gänzlich fehlen und die Aufzeichnungen erst 1696 einsetzen.[1]

Eine weitere wichtige Quelle sind Gerichtsbücher, wobei aber der Jahrhunderte später agierende Familienforscher darauf angewiesen ist, dass die zu bearbeitenden Familienmitglieder „auffällig" wurden, wie es im heutigen Sprachgebrauch heißt. Dies war bei den Höckners weniger der Fall. Hinweise gibt es noch in den Verzeichnissen der Eliteschulen, in diesem Fall besonders Schulpforta, sowie der Universität Leipzig. Alle Daten nutzend, kann zumindest teilweise der Familienzusammenhang erarbeitet werden. Im 17. Jahrhundert verdichten für bestimmte Personen erhalten gebliebene Leichenpredigten, die stets einen Lebenslauf enthalten, die Quellenlage ganz nachdrücklich.

---

1 Die Kirchenbuchdaten nehmen als Quelle dieser Arbeit einen so großen Umfang an, dass sie nicht einzeln aufgeführt werden können. Auch würde die Lesbarkeit darunter leiden.

Der Familienname *Höckner*, in Stollberg anfangs auch *Höcker, Hecker* oder *Heckner* geschrieben, weist in der Namensforschung entweder auf eine Herkunft aus den Orten Höck (Bayern, Österreich) oder auf die Berufsbezeichnung Höker (Kleinhändler) hin. Letzteres liegt für die Stollberger Höckner in Anbetracht ihrer beachtlichen Handelstätigkeit nahe. Zu dieser Deutungsvariante des Namens hat ein Nachkomme der sog. Oelsnitzer Höckner-Linie, Ulrich Höckner aus Bargischow bei Anklam in Mecklenburg-Vorpommern, folgendes zusammengestellt[2]:

Als **Hökner**, weibliche Form *Höknerin* (auch *Hoke, Höke,* weiblich *Hökin*) bezeichnete man (ab dem 13. Jahrhundert nachgewiesen) Kleinhändler, die insbesondere mit Lebensmitteln handelten. Sie hatten das Recht, auf dem Markt ihre Ware zu verkaufen. Sie durften aber nur das verkaufen, was sie selbst (auf dem Rücken) tragen konnten (in einer Hucke, Huckepack). So brauchten sie keine Standgebühren, also keine Marktsteuer zu bezahlen (Hokgerechtigkeit = Recht, im Kleinen zu verkaufen). Daher kommt auch das Wort, „etwas verhökern", das heißt verkaufen, zu Geld machen. Hierzu einige historische Beispiele[3]:

* *„de keiser wart...worpen van den hoken mit brodes stucken" (1231)*
* *„das die hocknere uf dem marck...von kainem frembden nichts kaufen soll" (1279)*
* *„ob ein höckner ungerecht gewicht...hete, dieselbig straff soll...unserm... herren zusteen" (15./16. Jahrhundert).*

Weitere Varianten des Namens Höckner sind *Höckrich* bzw. *Höckricht.* Diese Schreibweise taucht in den Nachbarorten Hartenstein, Lößnitz und Zwönitz auf, anfangs gemischt in verschiedenen Varianten, später verfestigte sich für einen Familienzweig die Version Höckrich(t). Das trifft auch auf die Hartensteiner Fleischerfamilie Höckricht zu, aus der ein Christoph Höckricht in Stollberg Fleischer wurde. Seine Frau fungierte als Taufpatin von Ernst Höckner, was einen Zusammenhang beider Familien nahe legt.

In den folgenden Abschnitten sind den Vertretern der Stollberger Höckner-Familie, deren Lebensdaten in Kurzform jeweils gelb unterlegt zusammengefasst sind, weitere Zeitgenossen an die Seite gestellt, deren Lebensdaten zur besseren Unterscheidung auf grünem Hintergrund abgedruckt sind.

2　Herrn Ulrich Höckner aus Bargischow bei Anklam in Mecklenburg-Vorpommern gilt Dank für seine Angaben.
3　Quellen zur Herkunft des Namens (nach Ulrich Höckner) sind das Deutsche Rechtswörterbuch (Online-Ausgabe: „http://rzuser.uni-heidelberg.de~cd2/drw/aH172.htm" und das Vokabular des Augustiner-Eremitenklosters Langenzenn in Mittelfranken (eine Handschrift von 1431, dort: *„accionarius = hoekner"*); vgl. ferner: Oberrheinische Stadtrechte, Abt. 1: Fränkische Rechte 3, Heidelberg 1897, S. 183-197; Deutsches Wörterbuch der Brüder Grimm, DWB, IV/2 Sp. 1651.

2. Schneider und Tuchmacher

Die Herkunft der Stollberger Höckner-Familie

Bereits im 16. Jahrhundert sind Vertreter der Stollberger Höckner-Familie in Gerichtsbüchern der Region erwähnt. Sie müssen schon damals zur gebildeten Schicht gehört haben, weil 1544 ein Hans Höckner aus Stollberg als Schüler der elitären Ausbildungsstätte in Schulpforta bei Naumburg genannt ist[4], möglicherweise ein Vorfahre, sehr wahrscheinlich ein Verwandter von Ernst Höckner, dem in diesem Buch eine besondere Aufmerksamkeit gilt.

Die ersten konkret zuordenbaren Vorfahren von Ernst Höckner sind sein Vater Hans Höckner und sein Großvater Paul Höckner. Sie kamen offenbar vor 1590 aus Böhmen nach Stollberg, wie es aus der Leichenpredigt von Ernst Höckner hervorgeht. Vielleicht sind weitere Verwandte schon längere Zeit vorher von dort nach Stollberg gezogen. Als eine andere Möglichkeit ist in Betracht zu ziehen, dass ein Zweig der Höckner-Familie nach Böhmen ging und sich später wieder der alten Heimat zuwandte. Wie dem auch gewesen sein mag: Paul Höckner fasste mit seiner Frau, deren Namen wir nicht kennen, ziemlich schnell Fuß in Stollberg. Er arbeitete als Schneider und brachte sich für das Gemeinwohl ein. 1592 taucht sein Name erstmals auf, als Paul Höckner als Beisitzer einer Gerichtsverhandlung wirkt.[5]

→ *Lebensdaten von Paul Höckner (um 1550-1608)*

Paul Höckner und seiner Frau können zwei Kinder sicher zugeordnet werden, wobei sie sehr wahrscheinlich weitere Nachkommen hatten. Der 1577 geborene Sohn Hans (Johann) Höckner wird später ausführlich behandelt.[6] Seine Schwester Marie heiratete 1609 den in Stollberg arbeitenden, aus Oederan stammenden Tuchmacher Andreas Fiedler. Das Paar zog offenbar von Stollberg weg, vermutlich nach Oederan.

---

4   Carl F. H. Bittcher, Verzeichnis sämtlicher Lehrer und Schüler der Königlich Preußischen Landesschule Pforta vom Jahre 1543-1843, Leipzig 1843, S. 4.
5   Regesten (Nr. 50) zum Gerichtsbuch Stollberg Nr. 72, hrsg. vom Adam-Ries-Bund, Heft 40.
6   Sein Geburtsjahr ist anhand der Altersangabe im Sterbeeintrag errechnet; siehe generell bei „errechn."

Weitere Mitglieder der Stollberger Höckner-Familie im ausgehenden 16. Jahrhundert sind vermutlich Söhne von Paul Höckner, lassen sich jedoch nicht eindeutig zuordnen. Im benachbarten Oelnitz gab es eine Schneiderfamilie Höckner, in der offenbar der Vorname Michel über Generationen weitergegeben wurde.[7] Aus dieser Linie belegt ist ein Michel Höckner, Schneider und *„Grünhainischer Beywohner"* in Oelsnitz (Einwohner im Grünhainischen Teil des damaligen Dorfes Oelsnitz). Von einem seiner vier Söhne, David Höckner (1680-1741), Bürger in Ernstthal, lässt sich die sog. Plauener Höckner-Linie bis in die Gegenwart fortführen.[8]

Ein um 1570 geborener Valten (Valentin) Höckner wirkte als Schneider in Stollberg. Er tritt zudem 1600 als Weinschenker und 1605 als Hospitalvorsteher auf. Ein Tuchmacher Peter Höckner (1590/91-1644) ist ab seiner zweiten Hochzeit 1634 in Stollberg belegt.[9] Sowohl von Valten als auch von Peter Höckner wurden allerdings keine überlebenden männlichen Nachkommen ermittelt.

Bei allem Engagement der aus Böhmen zu(rück)gezogenen Höckner für Stollberg als ihrer neuen Heimatstadt kamen sie offenbar für ein Ratsherren- oder gar Bürgermeisteramt noch nicht in Betracht. Dies blieb den schon länger ansässigen Familien vorbehalten. In der zweiten Hälfte des 16. Jahrhunderts sind bislang bekannt Valten Vogel, Wolf Weißbach, Oswald Scheffler,

---

7   1636 heiratet in Stollberg Catharina Höckner, hinterlassene Tochter von Michel Höckner aus Oelsnitz.

8   Ulrich Höckner, Gewährsmann vieler Informationen dieser Arbeit, ist Nachkomme der Plauener Linie.

9   Anstelle von Paul Höckner kommt als Vater für diesen Peter Höckner auch ein in Annaberg ansässiger Peter Höckner in Frage, der 1578 sowie 1583/84 in Stollberger Gerichtsunterlagen auftaucht; vgl. Regesten Gerichtsbuch Nr. 72 (9) und Nr. 73 (34, 38).

Thomas Niedner, Hans Niedner, Veit Weißbach, Georg Weißbach, Andreas Meurer und David Pöschmann, die überwiegend aus Tuchmacherfamilien stammen.[10] Mit etlichen von ihnen hat Paul Höckner Kontakt gehabt, insbesondere bei seiner Tätigkeit als Gerichtsbeisitzer.

Weitere wichtige Zeitgenossen der Höckners waren die Pfarrer und Diakone von Stollberg.[11] Der Pfarrer Gabriel Güttner soll besonders erwähnt werden, weil er in seiner Stollberger Dienstzeit von 1594 bis 1610 die Kirchenbuchaufzeichnungen begonnen hat. Außerdem hat er Paul Höckner beerdigt, seinen Sohn Hans Höckner getraut, sowie dessen beide ältesten Söhne Hans und Ernst Höckner getauft. → *Lebensdaten Pfarrer Gabriel Güttner (1565 - 1639)* Die Stollberger Schneiderinnung, zu der Paul Höckner gehörte, hatte Heinrich von Schönberg 1550 bestätigt. Ein Jahr früher erfolgte dies bei der für Stollberg wesentlich bedeutenderen Tuchmacherinnung. In der zweiten Hälfte des 16. und dem Anfang des 17. Jahrhunderts erlebten auch viele andere Zünfte, so wie das Städtlein Stollberg insgesamt, einen gewissen Aufschwung. Der Schneidermeister Paul Höckner starb 1608 mit 55 Jahren und wurde am 14. November 1608 in Stollberg begraben. Ihm blieben so die Drangsale der folgenden Jahrzehnte erspart.

Der Lebensweg von Paul Höckners Sohn, Hans Höckner, zeigt schon spürbar bessere Karrierechancen für die zweite Generation einer zugezogenen Familie und wie er in der Hierarchie eines kleinstädtischen Gemeinwesens Fuß fasst. Der Geburtstermin von Hans Höckner im Jahr 1577 lässt sich genau errechnen, sein Geburtsort ist bislang nicht zu ermitteln. Der Schneider Paul Höckner ermöglichte seinem Sohn Hans, dessen Begabung sicherlich in der Stollberger Kirchschule aufgefallen war, eine vorzügliche Ausbildung in Schulpforta bei Naumburg. Dies war für einen Schneider schon erstaunlich.

Lebensdaten von Pfarrer Gabriel Güttner (1565-1639)

1582 Universität Leipzig, Magister Theol.
1587-1591 Pfarrer in Oberau bei Meißen
1591-1594 Pfarrer in Cölln-Meißen
1594-1610 Pfarrer in Stollberg
1610-1639 Pfarrer in Freiberg (St. Jakob)

---

10 Gunter Lasch, Übersicht der Bürgermeister der Stadt Stollberg vom 16.-18. Jahrhundert [unveröffentlichtes Manuskript].

11 Übersicht zu Pfarrern und Diakonen bei: Michael Wetzel, St. Jakobi Stollberg 1659-2009, Festschrift zum 350jährigen Kirchweihjubiläum, Stollberg 2009; weitere Einzelheiten bei Gunter Lasch, Übersicht der Pfarrer und Diakone der Stadt Stollberg vom 16.-18. Jahrhundert [unveröffentlichtes Manuskript].

Geburt/Eltern: */~ 1565 in Leipzig, Vater: Paul Güttner, Pergamentmacher in Leipzig

Verwandte: vermutlich Bruder: Cyriakus Güttner aus Leipzig, oo am 16.08.1596 in Stollberg mit Anna verw. Siegel, hinterlassene Witwe des Erhard Siegel, Stadtschreiber in Stollberg; Cyriakus Güttner wirkt in Stollberg als Händler und Pergamenter, später Viertelsmeister, er geht nach dem Tod seiner Frau Anna (1565-1609) nach Zwickau und oo am 11.07.1610 in II. Ehe als Gastgeber in Zwickau eine Magdalena Kirsch aus Zwickau

Heirat: oo vor 1594 (nicht in Stollberg)

Kinder:

1. Rebecca Güttner, */~ 23.01.1595 in Stollberg
2. Sybilla Güttner, */~ 29.03.1597 in Stollberg
3. Paul Güttner, */~ 02.03.1599 in Stollberg, † 10.12.1599 in Stollberg
4. Raffael Güttner, */~ 13.09.1601 in Stollberg
5. Johann Georg Güttner, * 1625 in Freiberg, später Pfarrer in Markersbach (Pirna), 1664 in Rötha (Borna), 1671 Pfarrer in Bad Lausick, † 1696 in Bad Lausick, von ihm weitere drei Söhne Pfarrer, also drei Enkel des Gabriel Güttner

Bemerkungen:
Güttner verfügte neben dem Pfarrgut und der Pfarrhufe am unteren Stadtende über den Pfarrgarten nahe dem Hospital. Dieses Grundstück zergliederte er in sechs Baustätten und sorgte so für die Bebauung des heutigen Postplatzes. Er war 1607 gerade dienstlich in Dresden als die Pest in Stollberg auftrat.

Gabriel Güttner war Pate des am 13.07.1610 geborenen Ernst Höckner und hat sicherlich die Taufhandlung vollzogen. 1610 wurde er versetzt nach Freiberg, weil *„seinethalben alles tumultarisch war“*.

Johann Gabriel Güttner, Drucker und u. a. Herausgeber von Leichenpredigten in Chemnitz (1669) könnte ein Nachkomme der Stollberger Güttner sein. Dieser Johann Gabriel Güttner hatte einen guten Kontakt zur Pfarrerschaft in Stollberg.

Tod: † 1639 in Freiberg

Quellen:
Arthur Gottfried Schmidt, Ältere Nachrichten von der Stadt Stollberg, Stollberg 1879, Nachdruck 1957, S. 11.
Reinhold Grünberg, Sächsisches Pfarrerbuch 1539-1939, Freiberg 1940.

Vielleicht hat es auch das in der damaligen Zeit nicht unübliche Stipendium eines Mäzens für Hans Höckner gegeben. Es fällt jedoch auf, dass Hans Höckner nach der Ausbildung in Schulpforta nicht an eine Universität geht (gehen kann?), sondern den Beruf des Tuchmachers erlernt. 1601 tritt er, jetzt ein Tuchknappe, als Taufpate in Erscheinung. 1603 wird der Tuchknappe Hans Höckner im Gerichtsbuch genannt, weil er mit der Spinnmagd Sibylla

Lippelt „*Zu etzlich underschiedeninn Mahlen fleischliche unZucht getrie-ben*" und sie geschwängert hat. Sie wird daraufhin inhaftiert und am 16. August 1603 aus der Haft entlassen, nachdem sie einen ewiglichen Urfrieden gegen jedermann geschworen hat.[12]

Hans Höckner heiratet dann 1605 die 31jährige Witwe des Lugauer Pfarrers Christoph Behm. Sie ist drei Jahre älter als Hans Höckner und stammt aus Torgau. Leider konnte bislang ihr Vater nicht ermittelt werden. Aus der Ehe von Hans und Christina Höckner sind zwei Söhne bekannt, die 1608 bzw. 1610 geboren wurden. Sehr wahrscheinlich gab es weitere Kinder, die jedoch aufgrund der 1610 beginnenden Kirchenbuchlücke nicht nachweisbar sind. Auf den 1610 geborenen Ernst Höckner wird noch ausführlich eingegangen.

Lebensdaten von Hans Höckner (1577-1655)

1603 Tuchmacherknappe (Geselle), 1605 Tuchmacher
1634 Viermeister (Viertelsmeister) in Stollberg, später vornehmer Bürger in Stollberg, Obermeister der Tuchmacher-Innung Stollberg

Geburt/Eltern: * 04.02.1577 errechn., wahrscheinlich Böhmen, evtl. auch schon in Stollberg, Vater: Paul Höckner, Schneider in Stollberg

Ausbildung: ab 1586 in Schulpforta bei Naumburg, Tuchmacherlehre und Wanderschaft

Heirat: oo am 13.05.1605 vermutl. in Lugau mit Christina Behm, nachgelassene Witwe des Lugauer Pfarrers Christoph Behm (Böhm, auch Behmer, *1545 in Colditz, † vor 1601 in Lugau); Christina Behm stammte aus Torgau, * 1574 errechn., † 10.10.1655, begr. am 12.10.1655 in Stollberg

Kinder:
1. Hans Höckner, * 1608, Schüler in Schulpforta, † 1633 mit 24 Jahren
2. Ernst Höckner, * 1610 † 1669 → *Lebensdaten*
(vermutl. weitere Kinder nach 1610 geboren, keine Erwachsenen nach 1633 belegt)

Tod: † 09.06.1655, begr. am 11.06.1655 in Stollberg

Quellen:
J. Löbe/C. Löbe, Geschichte der Kirchen und Schulen Sachsens, Bd. 1, Altenburg 1891, S. 582; dortiger Eintrag: Sommer 1586 Johannes Höckner aus Stollberg.

---

12 Regesten (Nr. 92) zum Gerichtsbuch Stollberg Nr. 73, hrsg. vom Adam-Ries-Bund, Heft 41.

Der zwei Jahre ältere Bruder von Ernst Höckner, der 1608 geborene und nach dem Vater genannte Hans Höckner, absolvierte wie sein Bruder die Ausbildung in Schulpforta von 1623 bis 1629, danach vermutlich an der Universität in Leipzig. Der Zeitpunkt seines Todes mit 24 Jahren nur wenige Tage nach den schrecklichen Geschehnissen im August 1633 lässt vermuten, dass er an den Folgen von Kampfhandlungen, Folter oder auf Grund des Stadtbrandes verstorben ist.

Der Tuchmacher Hans Höckner wurde zu einem anerkannten Mitglied der für die Stadt maßgeblichen Tuchmacherzunft. 1634 handelte er als Viermeister (Viertelsmeister) für die Stollberger Tuchmacher im Streit wegen der Thalheimer Walkmühle von Hans Vogel. Später tritt Hans Höckner als Obermeister der Stollberger Tuchmacher auf. Zu dieser Zeit hatte es sein Sohn Ernst Höckner schon zum Ratsherrn und einflussreichen Handelsmann in Stollberg gebracht, was in den folgenden Punkten beschrieben wird. Hans Höckner stirbt 1655 in Stollberg als vornehmer alter Bürger. Seine Frau folgt ihm vier Monate später im gleichen Jahr.

Ein Zeitgenosse Hans Höckners, aber auch seines Vaters Paul sowie seines Sohnes Ernst, ist der langjährige Stollberger Amtmann Melchior Blüher. Er stammte aus einer Richterdynastie im Dorf Grünau (Kalkgrün) bei Wildenfels, die über das Heimatdorf hinaus mit weiteren engagierten Bürgern und

Lebensdaten von Amtsschösser Melchior Blüher (1572-1647)

1595-1606 Amtsschreiber in Stollberg (offiziell von Dresden bestellt ab 1597)
1606-1646 kurfürstlich-sächsischer Amtsschösser in Stollberg (bestätigt 1607 von Kurfürst Christian II., nochmals 1624 von Kurfürst Johann Georg I.)

Geburt /Eltern:
* 28.03.1572 in Kalkgrün (heute Grünau bei Wildenfels), ~ in Schönau,
Vater: Johannes Blüher, Richter in Kalkgrün, Mutter: Sara Böler, Tochter von Melchisedech Böler, Pfarrer in Schönau (dessen Großvater Melchior Böler von Martin Luther persönlich als erster evangelischer Pfarrer in Schönau ordiniert wurde)

Verwandte:
Bruder: David Blüher, Erbrichter in Kalkgrün
Nichte (Tochter von David Blüher): Christina Blüher, sie oo am 12.07.1647 in Stollberg den Schulmeister Georg Richter, Sohn von Jakob Richter, dem ehem. Pfarrer von St. Johannis in Chemnitz
Vettern: Friedrich Blüher, Einsiedelscher Verwalter zu Scharfenstein, und Michael Blüher (er ist 1662 der Stifter des Kruzifixes von J. H. Böhme in der Jakobikirche, auf der Inschrift genannt: Hochadeliger Vitzthumbscher und Einsiedelscher Verwalter Michael Blüher, des Rats vornehmer Bürger und Gastwirt zu Stollberg), Gastwirt

im „Weißen Roß" zu Stollberg

Ausbildung: Schulbesuch in Schönau, später Wildenfels, danach Unterricht bei Herrn Anselm Trettewein auf dem Freigut in Pöhlau bei Zwickau, mit diesem nach Elsterwerda gegangen, später in Dresden beim Architekten Nossinius gedient; anlässlich einer Besuchsreise ins Erzgebirge vom Stollberger Amtmann Stüler als Schreiber angenommen (also mit 23 Jahren)

Heirat: oo Mittwoch nach Johannis 1595 in Stollberg mit Catharina Weisbach, * 10.05.1577 in Stollberg, † 09.06.1635, Tochter von Georg Weisbach, Bürgermeister zu Stollberg

Kinder: 1 Sohn *† 07.06.1596, keine leiblichen Erben

Tod: † 17.01.1647 in Stollberg, Alter: 75 Jahre, 9 Wochen 5 Tage, begr. 26.01.1647 in Stollberg, Leichenpredigt in der Marienkirche (Jakobikirche noch zerstört)

Quellen:
Hermann Kettner, Leichenpredigt von Amtmann Melchior Blüher, 1647, Ratsschulbibliothek Zwickau, Sign. 49.2.7.(10).
Paul Köhler, Leichenpredigt Frau Catharina Blüher, geb. Weißbach, 1635, Ratsschulbibliothek Zwickau, Sign. 12.10.12.

Beamten der Region hervorgetreten ist. Melchior Blühers Lebensweg führte vom elterlichen Gehöft (seit 300 Jahren Nostitz-Gut), am oberen Ende des kleinen Dorfes Grünau unweit der bedeutsamen Abbaustätten von Marmor und Kalk gelegen, auf Umwegen in das Städtlein Stollberg, wo der damals 23jährige 1595 die Tochter des Bürgermeisters heiratete und vom Stollberger Amtmann Lorenz Stüler kurzerhand zum Amtsschreiber eingesetzt wurde. Nach elf, offenbar erfolgreichen Jahren in der Schreibstube des Amtes Stollberg löste er 1606 den noch sehr jungen Wolf Heinrich von Breitenbach († im Pestjahr 1607) als Amtmann ab. Letzterer wurde im Chor der Jakobikirche begraben. Melchior Blüher wirkte 40 Jahre als Amtmann.
→ *Lebensdaten Melchior Blüher (1572-1647)*
Unter Melchior Blühers Verantwortung wurde 1621 die steinerne Brücke an der Zwönitzer Straße (Unterstadt, heute nahe Postplatz) gebaut.[13] In Blühers Leichenpredigt ist erwähnt, dass ihm mehrfach (1632, 1635 und 1641) *„in den Kriegszeiten von feindlicher Hand alles Hab und Gut abgenommen wurde"*. Ab 1641 unterstand das Hospital in Stollberg dem Amt; bis dahin den

---

13 Friedrich Schmidt: Zur Geschichte der Erzgebirgsstadt Stollberg, Fortsetzungsserie im „Heimatfreund für das Erzgebirge" 1976-1978, VI. Teil, S. 208.

Schönbergern auf ihrem Sitz in Niederzwönitz. Sie waren vermutlich auch dessen Stifter. Zeitweise hatte das Hospitalvermögen eine beachtliche Größe und wurde sowohl von den Schönbergern, als auch von der Stadt Stollberg als Kreditgeber genutzt. Das Amt befand sich im sog. Freihof – heute das Gebäude der St.-Jakobi-Kirchgemeinde (ehemalige Superintendentur) in der Pfarrgasse 3. Sicherlich ist der junge Ernst Höckner, der ab etwa 1618 in die wenig oberhalb liegende Knabenschule ging, dem Amtmann häufig begegnet. Später sollte er als Ratsherr noch viel intensiver mit ihm zusammenarbeiten. Diesem Ernst Höckner wird jetzt die weitere Aufmerksamkeit gelten.

3. Jugendjahre in Kriegszeiten

Der junge Johann Ernst Höckner

Johann Ernst Höckner ist, wie es in seinem Lebenslauf formuliert wird, *„an das Liecht dieser Welt gebohren, als man geschrieben Anno 1610, den 13. Juli und zwar von Christlichen und Gottseligen Eltern. Sein Vater ist gewesen der Erbare und Ehren Wohlgeachtete Herr Johannes Höckner, vornehmer alter Bürger, des löblichen Tuchmacher Handwercks geschworner Vormeister, allhier in Stollberg. Seine Mutter Frau Christina eines ehrlichen Geschlechtes von Torgau"*.[14] Seine Taufzeugen waren der damalige Pfarrer Mag. Gabriel Güttner, der Tuchmacher Abraham Schettler und Christina, die Ehefrau des Fleischhauers Christoph Höckricht, alle aus Stollberg, die letztere wohl eine Verwandte. Der kleine Ernst Höckner wird in eine Zeit hineingeboren, als das Städtchen Stollberg seit dem letzten Viertel des 16. Jahrhunderts einen spürbaren Aufschwung erlebte, an dem die vielen verschiedenen Gewerke Anteil hatten, allen voran jedoch die Tuchmacher.

Den ersten Unterricht erhielt Ernst Höckner in der Stollberger Kirchschule. In dieser Zeit hatte der Dreißigjährige Krieg bereits begonnen. Die Schulaufsicht hatte der Stollberger Pfarrer, seit 1621 mit Mag. Jeremias Hickmann eine bemerkenswerte Persönlichkeit, der sicher auch den jungen Ernst Höckner prägte und deshalb mit seiner Vita und den familiären Verbindungen gesondert vorgestellt wird. Am Beispiel von Pfarrer Hickmann wird auch deutlich, dass die Geistlichen in der damaligen Zeit häufig ihre Dienstorte wechselten und so für einen Gedankenaustausch sowie eine gewisse geist-

---

14 Leichenpredigt für Ernst Höckner, begr. 28.07.1669, verfasst von Mag. Friedrich Kettner, Ratsschulbibliothek Zwickau, Sign. 49.2.1.(14).

liche und kulturelle Belebung sorgten. Jeremias Hickmann stammte aus Dippoldiswalde, studierte in Grimma und Leipzig, heiratete in Eilenburg die Tochter des Kirchenliederdichters Zachaeus Faber, wirkte nahe Jena und nahe Mittweida, dann in Stollberg und in etlichen weiteren Orten. Seine jüngere Schwester Margaretha wurde Pfarrfrau im nahen Dorfchemnitz und die Mutter des Rechtsgelehrten Samuel Pufendorf und des späteren dänischen Diplomaten Esaias Pufendorf. Für Stollberg heute noch von großer Bedeutung ist das von Pfarrer Jeremias Hickmann für seine beiden verstorbenen Töchter gestiftete Epitaph, das an der Nordseite im Chor der Marienkirche angebracht ist.

→ *Lebensdaten von Mag. Jeremias Hickmann, Pfarrer (1592 - ?1650)*

Mit knapp 13 Jahren schickte sein Vater den Jungen nach Schulpforta, wo er selbst die weiterführende Bildung erfahren hatte. Ernst Höckner war in Schulpforta unter Nr. 2616 angemeldet und studierte vom 1. März 1623 bis 5. Dezember 1628. Danach erlernte er den Beruf eines Tuchmachers, vermutlich in seiner Vaterstadt. Auf diese handwerkliche Tätigkeit berief er sich zeitlebens mit großem Stolz, aber auch entsprechender Demut, als er später in Handel, Kommune und Kirchgemeinde zu einer hochgeachteten Person wurde. Nach den damaligen Regeln musste der Tuchknappe Ernst Höckner, wie die Gesellen dieser Zunft hießen, mindestens ein Jahr auf Wanderschaft gehen.[15] In dieser Zeit um 1630 kam das Kriegsgeschehen den sächsischen Landen allmählich näher.

In Ernst Höckners Lebenslauf sind in jenen Jahren nur wenige konkrete Anhaltspunkte verfügbar. Interessant ist die seinen Charakter und seine Veranlagung treffend beschreibende Bemerkung, nach der *„sich ... von seiner zarten Jugend an eine sonderliche Neigung zur Weltgeschicklichkeit bei ihm*

Lebensdaten von Pfarrer Jeremias Hickmann (1592-?1650)

1606-1612 Fürstenschule Grimma, 1612-1614 Universität Leipzig, Magister phil. u. theol.
1614 Diakon in Frauenpriesnitz bei Jena
1619? Pfarrer in Frankenau-Mittweida
1619-1621 Diakon in Stollberg
1621-1627 Pfarrer in Stollberg, auch Vize-Superintendent zu Chemnitz
1628 in Stollberg abgesetzt (emeritiert) „wegen tumultuarischer Bewegungen"
1631 kurfürstlich-sächsischer Feldprediger

---

15 Söhne von Handwerksmeistern mussten in der Regel nur ein Jahr auf Wanderschaft gehen.

1636 Halle/Saale

- ?1650 Pfarrer in Haynrode bei Worbis

Geburt/Eltern: * / ~ 19.03.1592 in Dippoldiswalde, Vater: Thomas Hickmann (Tuchscherer in Dippoldiswalde), dessen Vater: Kaspar Hickmann (*1523 in Schleusingen/Thüringen, 1549 Diakon in Mühlberg/Elbe, 1554 Pfarrer an St. Nikolai in Wilsdruff, dort † 1571)

Geschwister: mindestens 5

1. Elias Hickmann, */~ 17.07.1593
2. Thomas, */~ 14.06.1594
3. Tobias, */~ 01.03.1598
4. Margarethe, */~ 25.01.1600, sie wurde die Ehefrau des Pfarrers Esaias Elias Pufendorf in Dorfchemnitz, war somit die Mutter von Samuel v. Pufendorf und Esaias Pufendorf
5. Esaias o. Jesaias, * 1607, † 17.08.1672, oo 1630 mit Maria Pufendorf, * 1609 in Flöha; ab 1633 Diakon in Dippoldiswalde und erzog dort den 1628 geb. Esaias v. Pufendorf, der Diplomat in schwedischen Diensten wurde.

Heirat: oo 08.09.1614 in Hohenleina bei Eilenburg (später Ortsteil von Kostritz b. Leipzig) mit Barbara Faber oder Schmied, Brauteltern: Dorothea Genitzsch und Zachaeus Faber; Zachaeus Faber war Kirchenlieddichter („Fröhlich wir nun all fangen an den Gottesdienst mit Schalle"), auch Pfarrer (ab 1584 in Ploßig, ab 1593 in Röcknitz und ab 1607 in Hohenleina, hier †1628); 1576 war er Lehrer und später Rektor am Gymnasium Torgau. Ein Bruder von Barbara Schmied o. Faber war der 1583 in Torgau geb. Zachaeus Faber junior, er wirkte ab 1604 als Diakon in Dippoldiswalde, wobei vermutlich hier die spätere Verbindung von Jeremias Hickmann und Barbara Schmied/Faber zustande kam.

Kinder:

1. Anna Barbara Hickmann, * Nov. 1620 errechn. in Stollberg, † 22.01.1626 in Stollberg an Blattern
2. Anna Marie Hickmann, * Dez. 1624 errechn. in Stollberg, † 17.01.1626 in Stollberg an Blattern
3. Peter Jeremias Hickmann, * offensichtlich 1636 in Halle (Saale), er wurde Pfarrer in Weilar und Stadtlengsfeld, † 16.03.1710 in Stadtlengsfeld
4. Johann-Günther Hickmann, ~31.05.1639 in Haynrode bei Worbis, er war später Pfarrer in Badbergen bei Quakenbrück
5. Martha Maria Hickmann, *ca. 1625 in Stollberg, †/ begr. 28.03.1733 in Wintzigerode

Tod: † ?1650 in ?Haynrode bei Worbis

Quellen:
Wesentliche Angaben aus der Familienforschung von Hans-Günter Bullenda, Dortmund.

(hat) merken lassen. "[16] Dies hat ihn offenbar getrieben, zusätzlich geprägt von den Zeitumständen, auf ein Studium zu verzichten und sich seinen Sold in einem der Kriegheere zu verdienen. Die spärlichen Nachrichten weisen ihn als Kornett, also Fähnrich bei der Kavallerie, aus.

Später wirkte er als Hof- und Quartiermeister in kaiserlichen Armeen. Denn anlässlich seiner Entlassung erhielt Ernst Höckner, wie es hieß: vom Kaiser, zur Belohnung für Tapferkeit und Treue das Recht, ein Wappen zu führen. Diese kostengünstige Art der Anerkennung war in damaligen Zeiten nicht unüblich. Jedenfalls hat Ernst Höckner die schlimmen Kriegsjahre fern der Heimatstadt Stollberg verbracht und besonders das dramatische Geschehen vom August 1633 nicht miterlebt, bei dem unter anderem sein zwei Jahre älterer Bruder Hans zu Tode kam.

4. Verantwortung für eine notleidende Stadt

Johann Ernst Höckner als Ratsherr und Handelsmann

Die Kriegsnot erlebte der junge Ernst Höckner sicherlich als Fahnenträger (Fähnrich) hautnah mit, und es ist zu vermuten, dass er mit seiner „Weltgeschicklichkeit", also dem Talent zum Organisieren und Handeln, schon bald Dienste etwas abseits vom Gefechtsfeld suchte, die er dann als Hof- und Quartiermeister bei der Vorhut oder im Rückwärtigen fand. Nach dem Kriegsdienst arbeitete Ernst Höckner etwa ab 1635 wieder als Tuchmacher[17] in Stollberg, begann aber zunächst nebenbei eine Handelstätigkeit, die bald zur hauptsächlichen Profession wurde und *„einen ziemlich guten Fortgang"* nahm.[18]

1642 anlässlich seiner Hochzeit wird er als *„Mercator"* (Kaufmann) genannt. Im Lebenslauf ist hervorgehoben, wie sich der 32jährige Ernst Höckner erst nach Beraten und Gutachten seiner Eltern um eine Frau bewarb, nämlich um Anna Schreiner, die Witwe des Stollberger Bürgermeisters Valentin Schreiner (um 1570-1641). Die Herkunft der Braut mit Geburtsnamen und

---

16 Leichenpredigt für Ernst Höckner.
17 Ernst Höckner stand laut Stollberger Taufbuch ab November 1635 bis 1641 bei fünf Kindern Pate, drei der Familienväter waren Tuchmacher.
18 Leichenpredigt für Ernst Höckner.

Marktplatz Stollberg: Blick in Richtung Hoheneck, rechts das frühere Rathaus,
links die beiden Häuser am Geschäftsstandort von Ernst Höckner,
in der Mitte das Höcknersche Handelsgeschäft um 1700

-jahr ist nicht bekannt. Möglicherweise stammte sie aus Chemnitz, wo sie in
erster Ehe mit dem Gastwirt Elias Bock verheiratet war. 1636 heiratete sie
als Witwe den Stollberger Bürgermeister Valentin Schreiner, der im August
1633 gerade erst wenige Tage sein Amt übernommen hatte, als die Holkschen Truppen die Stadt verwüsteten.[19] Nach dem Tod Schreiners im Jahre
1641 wurde seine Frau Anna bereits zum zweiten Mal Witwe. Ernst Höckner
hat natürlich mit dieser Heirat der Bürgermeisterswitwe einen maßgeblichen
Schritt getan, um als erster seiner Familie für ein Mandat im Stadtrat in Frage
zu kommen. Ob sich dies einfach so ergeben hat oder kalkuliert war, kann
heute nicht mehr beurteilt werden. Jedenfalls war es zu allen Zeiten eine
wichtige Karrieremöglichkeit.

Für Ernst Höckner folgte jedoch ein schwerer Schicksalsschlag, als seine
Frau im November 1643 im Wochenbett starb. Sein Handelsgeschäft erlebte
damals gerade einen ungeahnten Aufschwung, was wohl damit zusammen-
hing, dass in den Jahren nach der Pestwelle 1640 und der relativen Kriegsruhe Ende 1642 bis Anfang 1644 das Stollberger Tuchmachergewerbe eine
erstaunlich große Menge Stoffe fertigte. Dies förderte auch die anderen Gewerke, wenngleich die zerstörten Gebäude nur notdürftig hergerichtet waren
und ständig kleinere Trupps von Soldaten das wenige ess- und verwertbare
Gut mitnahmen, abgesehen von den Kontributionen der großen Feldherrn
beider kriegsführenden Seiten.

Ernst Höckner betrieb ein Ladengeschäft mit Weinhandlung im Haus neben
der Knabenschule in der Süd-Ost-Ecke des Marktes, damals ohne den heu-

---

19   Alfred Schuster, Stollberg – Heimatkundliche Geschichtsbilder, Stollberg 1903, Nachdruck 1996.

te noch vorhandenen Laubengang. Das Haus besaß, wie viele andere in Stollberg auch, ins Erdreich gegrabene und mit Gewölben versehene bzw. in den Felsen gehauene Keller. Der oder besser die Keller im Höcknerschen Haus konnte(n) sowohl von innen über Treppen als auch durch eine separate Tür nahe

Marktplatz Stollberg: Blick in Richtung Südosten zur Kirche St. Jakobi, links davor die beiden Häuser am Standort des Höcknerschen Handelsgeschäftes und Wohnhaus

des Fußsteiges nördlich der Jakobi-Kirche betreten werden. Ein solcher Keller hatte wohl gerade für eine Weinhandlung besondere Bedeutung.

Ernst Höckner suchte nach der üblichen Trauerzeit eine neue Frau und fand sie in der Tochter des Zwickauer Tuchmachers und Handelsmannes Stephan Stepner, der auch als Stadtvogt in Zwickau wirkte. Magdalena Stepner war fast 14 Jahre jünger als Ernst Höckner und passte auch wegen ihrer Herkunft aus einer wohlhabenden Tuchmacher-, Händler- und Ratsherrenfamilie gut zum Stollberger Tuchmacher und Händler, der auch irgendwann Ratsherr werden wollte. Übrigens waren die Brüder von Magdalena Stepner bekannte Pfarrer der Region, nämlich Dr. theol. Bartholomäus Stepner (1615-1659), Superintendent in Zwickau, sowie Stephan Stepner (1616-1667), Pfarrer in Eibenstock.

Eine markante Begebenheit wurde nun prägend für das Leben und den Ruf Ernst Höckners. Die hin und her wogenden Kriegsparteien zogen ab Frühjahr 1644 wieder durch Stollberg und erpressten Schutzgelder, wobei dem schwedischen General und Feldmarschall Lennart Torstensson der Ruf des besonders harten Durchgreifens vorauseilte. Anfang 1645 kam er mit Gemahlin und großem Gefolge nach Stollberg, um neben neuen Schutzgeldern auch die gegenüber dem schwedischen Hauptquartier in Erfurt aufgelaufenen 300 Taler Schulden einzutreiben. Das Erstaunen Torstenssons über die immer noch ruinöse Stadt und das unübersehbare Elend der Einwohner nutzend, traten ihm drei Männer entgegen und baten, auf den Knien verharrend, um Erlass dieser Schulden. Das waren der gerade erst in den Dienst getretene Amtmann Johann Drummer und die beiden 35jährigen Männer Ernst Höckner und Pfarrer Hermann Kettner. Manche Autoren berichten[20], dass Ernst Höckner der Wortführer dieser riskanten Aktion war. Torstensson hielt sich zunächst bedeckt mit einer Entscheidung, obwohl ihn der Mut der Bittsteller sicherlich beeindruckt hat. Er schätzte wohl auch realistisch ein, dass im damaligen Stollberg wirklich nichts mehr zu holen war. Pfarrer Kettner nutzte zudem die Situation, dem bei ihm einquartierten schwedischen Feldprediger das Anliegen nahe zu bringen, der wiederum die Gemahlin Torstenssons einbezog, zugunsten von Stollberg zu sprechen. In den Gesprächen war, die taktisch kluge Voraussicht der Unterhändler ausweisend, die Option angesprochen worden, den schuldigen Betrag für den Wiederaufbau der von kaiserlichen Truppen (!) zerstörten protestantischen (!) Kirche zu verwenden. Über diese ihm gebaute „Brücke" einer gottgefälligen Tat ging der Feldmarschall dann letztlich und stellte bei seinem Annaberger Aufenthalt unter dem 19. Januar 1645 die entsprechende Urkunde aus.[21]

Das Geschehen um Torstensson brachte rein zahlenmäßig noch nicht den Durchbruch zum Baubeginn des Gotteshauses. In Anbetracht des Traumas der vielen unvorstellbar schrecklichen Erlebnisse, die weite Teile der Bevölkerung in Stumpfsinn und Verrohung verharren ließ, konnte ein solches Erfolgserlebnis aber wieder Hoffnung aufkommen lassen. Die große Bedeutung für die Stadtgeschichte ist schon daran erkennbar, wie häufig und umfänglich seitdem darüber berichtet wurde. Zum 350. Kirchweihjubiläum im Oktober 2009 bildete das Geschehen den Mittelpunkt eines vielbeachteten Theaterstückes.[22]

Nichtsdestotrotz mussten die Bürger der Stadt und mehr noch die Einwohner der Dörfer die 300 Taler aufbringen. Es ist kennzeichnend, dass dem Ratsherrn Ernst Höckner die Gelder zur Aufbewahrung anvertraut wurden.

Die zeitliche Zuordnung der Ratsherrenfunktion bei Ernst Höckner ist zum Ende des Dreißigjährigen Krieges und danach recht schwierig, weshalb die Chronisten auch unterschiedliche Jahre nennen. Viele weisen ihn 1645 als Ratsherrn aus. Das öffentliche Leben funktionierte in diesen unruhigen Zeiten auch in der Verwaltung nicht mehr. So fanden die Stollberger Ratssitzungen erst ab 1650 wieder einigermaßen regelmäßig statt.[23] Auch traf die kurfürstliche Bestätigung von Ernst Höckner als Ratsherr 1648 angeblich um vieles verspätet in Stollberg ein. Jedenfalls wird er 1646 definitiv als

---

20   Horst Rößler, „Ernst Höckner Stollberger Ratsherr und Bürgermeister...", in: Stollberger Stadtanzeiger, Februar 2008.
21   Wortlaut der Urkunde bei Schuster, Stollberg, S. 20.
22   Freie Presse Chemnitz, Ausgabe Stollberg vom 17./18.10.2009.

Kniefällig bitten die drei Stollberger um Erlass der Schulden, doch General Torstensson
bleibt vorerst abweisend (Szene aus Theateraufführung Okt. 2009)
Foto: Jürgen Richter, Stollberg

„Mercator" (Kaufmann) und erst 1648 als *„Mercator und Senator"* (Kaufmann und Ratsmitglied) genannt[24], sodass die Überlieferung seines Auftritts im Januar 1645 als Ratsherr eigentlich nicht richtig sein kann. Umso höher ist seine Haltung zu bewerten, mit der er demütig und gleichzeitig unerschrocken als „normaler" Bürger für seine Heimatstadt eintrat.

Als noch problematischer erweist sich die weithin übliche Benennung Ernst Höckners als Bürgermeister. Seine Leichenpredigt erwähnt kein Bürgermeisteramt. Das bestätigen auch die Recherchen von Michael Wetzel, wonach Ernst Höckner im Zeitraum von 1634-1669 nie Bürgermeister war.[25] Das Kirchenbuch nennt ihn allerdings 1667 und 1668 jeweils zur Heirat einer Tochter ganz eindeutig *„Handelsmann und Bürgermeister"*, wiederum aber im Sterbeeintrag 1669 sowie einem Traueintrag von 1670 *„Handelsmann und Stadtrichter"*.[26] Erwiesenermaßen übte Ernst Höckner von 1663 bis zu

---

23   Schuster, Stollberg, S. 22.
24   Taufeinträge von Johann Ernst Höckner vom 04.02.1646 und Anna Christina Höckner am 31.10.1648; stimmt mit
     den acht Pateneinträgen von 1644-1649 überein (Kirchenbuch Stollberg Bd. 2).
25   Vgl. Tabelle S. 30-35 in diesem Band.

seinem Tod das Stadtrichteramt aus. Es wäre denkbar, dass entweder zeitweilig der Stadtrichter den Bürgermeister vertreten musste oder das Stadtrichteramt einen ebenfalls hohen Stellenwert besaß, und die Bezeichnung Bürgermeister quasi als Anerkennung erfolgte. Es gibt außer Ernst Höckner im 17. Jahrhundert noch zwei Beispiele, wo nachweislich als Stadtrichter belegte Personen im Kirchenbuch Bürgermeister genannt werden.[27] Neben der hohen Verehrung für Ernst Höckner könnte auch die in seinem Epitaph überlieferte Bezeichnung *„der Stadt Regent"* von den Historikern als Bürgermeister gedeutet worden sein.[28]

Ernst Höckner und seine Frau Magdalena hatten neun Kinder (drei Söhne, sechs Töchter). Das erste Kind, ein am 4. Februar 1646 geborener, und wie üblich tags darauf getaufter Sohn, erhielt die Vornamen des Vaters. Überhaupt gleicht sein Lebenslauf in vielen Abschnitten dem Vater, war allerdings wesentlich kürzer. Der Sohn Johann Ernst Höckner lernte ab 1658 in Schulpforta und wurde später Handelsmann in Annaberg. Hier ist deutlich die strategische Handschrift des Vaters zu erkennen, das inzwischen in Stollberg etablierte Höckernsche Handelshaus in eine andere bedeutende Stadt des Erzgebirges auszudehnen, wobei es schon Generationen früher familiäre Kontakte der Höckners zwischen Annaberg und Stollberg gab. Nach des Vaters Tod heiratete der junge Ernst Höckner 1670 in Annaberg die Witwe des Chemnitzer Bürgers Johann Kreysig. Diese Ehe blieb jedoch kinderlos, wohl auch weil Ernst Höckner 30jährig in Annaberg starb und seine Frau ihm ein Jahr später im Tod folgte.

Als zweites Kind von Ernst Höckner und seiner Frau Magdalena wurde am 18. April 1647 die erste Tochter nach der Mutter auf den Namen Maria Magdalena getauft. Ihre Heirat 1668 mit Friedrich Kettner, dem Sohn des

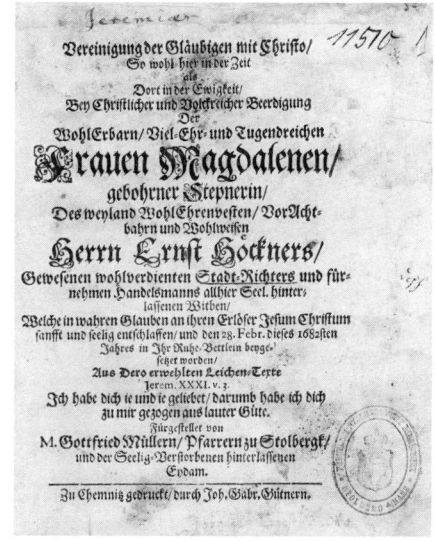

Titelblatt der Leichenpredigt von Magdalena Höckner, geb. Stepner
Original: Herzog-August-Bibliothek
Wolfenbüttel

---

27 Zacharias Groschupf († vor 1660) und Samuel Müller (1614-1679).
28 Arthur Schmidt: Nachträge (1879-1881 als Flugblätter gedruckt) zu seinen „Nachrichten über die Stadt Stollberg".

befreundeten Pfarrers Hermann Kettner, konnten beide Eltern noch miterleben. Dcr Vater des Bräutigams vollzog als Stollberger Pfarrer die Trauung,

Lebensdaten: Johann(es) Ernst Höckner (1610-1669)

Tuchmachergeselle in Stollberg, Kornett (Fähnrich), später Hof- und Quartiermeister in kaiserlichen Armeen, nach Kriegsdienst wieder Tuchmacher, Beginn Handelstätigkeit

1645-1669 Mercator (Kaufmann) und Senator (Ratsmitglied)

1663-1669 Stadtrichter, (1667-1668 als Bürgermeister in Stollberg erwähnt)

Geburt/Eltern: *13.07.1610, Vater: Hans Höckner (1577-1655), Tuchmacher, Innungsobermeister, Viertelsmeister, vornehmer Bürger in Stollberg, Mutter: Christina, verw. Behm (Böhm) aus Lugau, Witwe des vormaligen Lugauer Pfarrers

Ausbildung: Schüler in Schulpforta bei Naumburg vom 01.03.1623 bis 05.12.1628, Lehre im Tuchmacherhandwerk

Heirat:

oo I. Ehe am 21.06.1642 mit Anna Schreiner, Witwe von Valentin Schreiner, Bürgermeister zu Stollberg (oo seit 1636); Anna, geb. ? war bereits einmal verwitwet und vorher mit Elias Bock, Gastwirt zu Chemnitz, verheiratet, † 09.11.1643

oo II. Ehe am 21.04.1645 mit Magdalena Stepner, * 03.03.1624 in Zwickau,Tochter von Stephan Stepner (Stöpner), Tuchmacher, Mercator (Kaufmann) und Senator (Ratsmitglied) aus Zwickau, auch Stadtvogt, † 24.02.1689, begr. 28.02.1689 in Stollberg

Kinder II. Ehe (9 Kinder, 3 Söhne, 6 Töchter):

1. Johann Ernst Höckner, * 04.02.1646, ~ 05.02.1646 in Stollberg, Ausbildung in Schulpforta, Kaufmann in Annaberg, oo am 15.08.1670 in Annaberg mit der Witwe Elisabeth Kreysig, geb. Dietze (* 02.07.1625 in Annaberg, † 15.04.1677 in Annaberg); ihre Ehe mit Johann Ernst Höckner blieb kinderlos, † 09.06.1676 in Annaberg

2. Maria Magdalena Höckner, */~ 18.04.1647, oo am 04.02.1668 in Stollberg mit Friedrich Kettner (Köttner), Pfarrer in Stollberg, zuletzt Subdiakon an St. Thomae zu Leipzig (1645-1680) → *Lebensdaten Friedrich Kettner*

3. Anna Christina Höckner, */~ 31.10.1648, oo am 27.08.1667 in Stollberg mit dem Witwer Andreas Meyer, Bürger und Handelsmann zu Annaberg, † vermutl. in Annaberg

4. Hans Friedrich Höckner, */~ 01.05.1650, Handelsmann, Bürgermeister in Stollberg, → *Lebensdaten Johann Friedrich Höckner*

5. Anna Rosina Höckner, */~ 30.05.1653, oo am 22.11.1670 in Stollberg mit Johann Georg Otto, Doktor und Bürgermeister in Naumburg, Sohn des kurfürstlichsächsischen Verwalters zu Schulpforta, zuletzt Physikus des Domkapitels Naumburg in Weißenfels

6. Anna Dorothea Höckner, */~ 03.12.1654, oo am 02.09.1673 mit Pastor Magister Gottfried Müller → *Lebensdaten Gottfried Müller*
7. Susanna Catharina Höckner, */~ 27.12.1656, † 1693 in Annaberg oo mit Magister Enoch Zobel, Archidiakon zu Annaberg (* 1653 in Schneeberg)
8. David Höckner, */~ 08.11.1658, Ratsmitglied und Handelsmann in Stollberg, → *Lebensdaten David Höckner*
9. Maria Elisabetha Höckner, */~ 09.06.1660, † 10.03.1662, 1 Jahr alt,

Tod: † 24.07.1669, begr. 28.07.1669 in Stollberg

Quellen:
Leichenpredigt für Magdalena Höckner, geb. Stepner, begr. 28.02.1689; verfasst von Mag. Gottfried Müller, Herzog-Albrecht-Bibliothek Wolfenbüttel, Sign. 11510.
Leichenpredigt für Ernst Höckner, Ratsschulbibliothek Zwickau, Sign. 49.2.1.(14).

deren Predigt als Festschrift in der Zwickauer Ratsschulbibliothek erhalten ist. Das junge Paar zog bald nach Leipzig, wo Friedrich Kettner als Subdiakon an der Thomaskirche wirkte und zwei seiner Söhne bedeutsame Theologen wurden. → *Lebensdaten Friedrich Kettner (1645-1680)*

Lebensdaten von Pfarrer Mag. Hermann Kettner (1609-1675)

1625-1629 Schulpforta, 1629 Universität Leipzig, dort 1634 Magister
1634-1642 Pfarrer in St. Johannis, vor der Stadt Chemnitz
1640-1642 Pfarrer in Zwönitz
1642-1674 Pfarrer in Stollberg, auch Vize-Superintendent zu Chemnitz

Geburt/Eltern: * / ~ 25.02.1609 in Chemnitz St. Johannis, Vater: Georg Kettner, vornehmer Bürger und Zeughändler, auch Kirchenvorsteher zu St. Johannis in Chemnitz, Mutter: Anna Römer, Tochter von David Römer, Bürgermeister in Mittweida

Geschwister: Georg Kettner, * 01.10.1607 (hier Mutter: Sibylla)

Heirat: oo vor 1637 in ? Leipzig mit Catharina Deuerling aus Leipzig, Tochter von Friedrich Deuerling, edler Ratsherr und Waage- und Steuerschreiber in Leipzig, † 1686 in Chemnitz

Kinder:
1. Georg Kettner, * 20.08.1637 in Chemnitz, † 14.04.1658 in Freiberg (war in Mittweida zu einem Kuraufenthalt, † unterwegs in Freiberg), ab 1645 Landesschule Pforta, ab 1655 Universität Leipzig, ein Elitestudent, 21 Jahre alt; am 01.05.1658 als erster in der neuen (noch nicht fertigen) Kirche in Stollberg bestattet.
2. Rosina Kettner, * in ?Chemnitz, oo 28.08.1660 in Stollberg mit Theodor Neefe aus Chemnitz, Sohn von Caspar Neefe, Fürstlich-Magdeburgischer Pfänner in Halle

3. Friedrich Kettner, * 24.08.1645, ~ 25.08.1645 in Stollberg, † 14.09.1680 in Leipzig, Mag. und Pfarrsubstitut in Stollberg, Diakon an der Thomaskirche Leipzig → *Lebensdaten Friedrich Kettner*
4. Hermann Kettner, * 28.05.1647, ~ 30.05.1647 in Stollberg, † 05.09.1647 in Stollberg, 14 Wochen alt
5. Elisabeth Kettner, * Nov.1648, ~ 16.11.1648 in Stollberg, oo 27.02.1666 in Stollberg mit Johann Engelmann, Handelsmann aus Chemnitz, Sohn des Georg Engelmann, Handelsmann des Rats zu Chemnitz
6. Maria Kettner, * Aug.1656, ~ 17.08.1656 in Stollberg, † als Kleinkind in Stollberg

Bemerkungen: 1645 erreichen Amtmann Johann Drummer, Ernst Höckner und Pfarrer Hermann Kettner bei dem schwedischen General Torstensson den Verzicht auf ausstehende Kontributionsgelder mit der Auflage, diese für den Wiederaufbau der zerstörten Jakobi-Kirche zu verwenden. Hermann Kettner ist u. a. Verfasser der Leichenpredigten von Melchior Blüher (1647) und Ernst Höckner (1669)

Tod: † 11.04.1675 in Stollberg , 66 Jahre, war 34 Jahre hier Pfarrer gewesen

Quellen:
Kirchenbuchdaten von St. Johannis, Chemnitz, aus Datenbestand Maschke Nr. 71 im Stadtarchiv Chemnitz.
Leichenpredigt für Georg Kettner, verfasst von Tobias Landrock, Diakon in Stollberg, Abdankung von Jacob Böhm, Pfarrer in Zwönitz, Ratsschulbibliothek Zwickau.

Ein reichliches Jahr darauf kam als drittes Kind Ernst Höckners Tochter Anna Christina zur Welt und wurde am 31. Oktober 1648 getauft. Sie heiratete mit knapp 19 Jahren den Witwer Andreas Meyer, Handelsmann zu Annaberg, worin sich wieder die besondere Affinität der Höcknerfamilie zu dieser Bergstadt zeigt.

Das vierte Kind, wiederum im Abstand von reichlich einem Jahr, war der am 1. Mai 1650 getaufte Johann Friedrich. Er übernimmt die väterliche Traditionen auf dem beruflichen wie auch politischen Feld und baut den Wirkungsbereich der Familie Höckner weiter aus. Ihm ist das übernächste Kapitel der Höcknerschen Familiengeschichte gewidmet. Die weiteren Kinder von Ernst Höckner und seiner Frau Magdalena werden im nächsten Abschnitt besprochen, weil ihre Geburt in die Zeitspanne der behandelten Ereignisse fällt.

Wie schon berichtet, war der seit 1642 in Stollberg wirkende Pfarrer Hermann Kettner sehr eng mit der Familie von Ernst Höckner verbunden. Wahrscheinlich hat Hermann Kettner schon dessen erste Trauung 1642, ganz sicher jedoch die zweite 1645 vollzogen. Man darf davon ausgehen, dass sich beide bereits seit der Schulzeit in Schulpforta kannten. Offenbar gab es einen engen Kontakt zwischen den Kettners und den Höckners, denn sie sind gegenseitig Paten bei ihren Kindern. Von den erwachsen gewordenen Kindern heirateten zwei sogar, wie schon erwähnt, sodass sich weitere Verbindungen ergaben. Dies werden auch die noch folgenden Lebensdaten von Friedrich Kettner (1645-1680) und von Friedrich Ernst Kettner (1671-1722) zeigen. Letzterer war ein kirchengeschichtlich bedeutsamer Theologe und es lohnt auf zwei Frauen zu verweisen, die ihm in Sachen Frömmigkeit Vorbild waren, nämlich seine Großmutter Maria Magdalena Kettner, geb. Höckner aus Stollberg, und seine Mutter Catharina Kettner, geb. Deuerling aus Leipzig, die selbst Andachtsbücher verfasst hat.

→ *Pfarrer Mag. Hermann Kettner (1609-1675)*

Zwar hatte es 1645 mit dem Friedensschluss von Kötzschenbroda für das sächsische Kurfürstentum formal Kriegsruhe gegeben, indes waren die schlimmen Zeiten auch für Stollberg längst nicht vorüber. Größere und kleinere Truppenteile beider kriegführenden Seiten zogen brandschatzend und zerstörend durch das Land.[29] Ebenso belastend waren die Einquartierungen von Offizieren und Soldaten und die damit verbundenen Geldforderungen, dazu Essen und Futter für Menschen und Pferde, Transport- und andere Dienstleistungen. In einer solchen Notsituation half Ernst Höckner der Stadt mit 600 Gulden, die er bar vorstreckte und auch mit Wein aus seinem Keller, der die Offiziere „friedlich" stimmte. Wie angespannt solche Situationen waren, zeigen die Beispiele, bei denen die Brandschatzung in Brandstiftung und Plünderung umschlug. Es wurde schon erwähnt, dass selbst Amtmann Melchior Blüher mehrmals sein Hab und Gut einbüßte. In einem anderen Bericht listet der Amtmann die schlimmsten Durchzüge und Plünderungen in der Stollberger Region auf.

Der betagte Melchior Blüher muss spätestens 1645 von dem aus Weida in Ostthüringen stammenden Johann Drummer abgelöst worden sein, wo dieser zusammen mit Ernst Höckner und Pastor Hermann Kettner bei dem Bittgang zu General Torstensson erwähnt ist. Der neue Amtmann wirkte in der schwierigen Zeit des ganz allmählichen Wiederaufbaus bis zu seinem Tod 1673 in Stollberg. All die Jahre war auch er für Ernst Höckner ein wesentlicher Zeitgenosse. → *Lebensdaten von Johann Drummer (1600-1673)*

---

29 Brandschatzung bezeichnet nicht das Legen von Bränden an sich sondern die damals häufig genutzte Methode des Erpressens von Schutzgeldern mit der Androhung, den Ort ansonsten in Brand zu stecken.

Lebensdaten von Amtmann Johann Drummer (1600-1673)

...1633-1636 Oberratskämmerer in Weida

1637-1638 .... Stadtrichter in Weida

1646-1673 kurfürstlich-sächsischer Amtsschösser in Stollberg

Geburt: * errechn. 1600 in Weida

Heirat:

oo I. **Ehe** unbekannt

oo II. **Ehe** am 16.01.1638 in Stollberg mit der Witwe Ursula Gräsel, geb. NN, * 1603 errechn. in Annaberg, † Jan.1671, begr. 22.01.1671 in Stollberg, Alter 67 Jahre 22 Wochen 4 Tage; ihre I. Ehe: mit August Seifert, Erb- und Lehnsherr auf Schönfeld, ihre II. Ehe: am 06.07.1635 in Stollberg mit dem verwitweten Stadtgerber Johann Gräsel, vorher Ratsverwandter zu Schneeberg, dieser † 03.06.1636 in Stollberg (wird mit einer Pistole erschossen)

Kinder (I. Ehe):

1. Maria Drummer, * errechn. 1628 vermutl. in Weida, † 05.08.1686 in Stollberg, oo am 28.06.1647 in Stollberg mit Michael Blüher, damals Amtsschreiber in Stollberg, Sohn von David Blüher, Amtsrichter in Kalkgrün bei Wildenfels

Kinder (II. Ehe):

2. Johann Jakob Drummer, * errechn. 1639 (Kirchenbuch-Lücke),† Juni 1681, begr. 13.06.1681 in Stollberg, Amtmann von Stollberg 1671-1680

3. Anna Dorothea Drummer, */~ 28.01.1644 in Stollberg, † 30.04.1670 in Grünhain, oo mit Melchior Rinck, Adjunkt zu Grünhain

4. Regina Drummer, */~ 18.06.1646 in Stollberg

Bemerkungen:

1645 erreichen Amtmann Johann Drummer, Ernst Höckner und Pfarrer Hermann Kettner bei dem schwedischen General Torstensson den Verzicht auf ausstehende Kontributionsgelder mit der Auflage, diese für den Wiederaufbau der zerstörten Jakobi-Kirche zu verwenden.

Um 1650 erwarb Drummer das spätere Stollberger Pfarrhaus (heute Pfarrstraße 3, bis 2009 Superintendentur), es war immer Amtslehen und blieb es auch, als es 1689 zum Pfarrhaus wurde und in kirchlichen Besitz überging.

Tod: † Mai 1673 in Stollberg, begr. 21.05.1673 in Stollberg, Alter: 73 Jahre

Quellen:

Johann Drummer, Praefect zu Stollberg, Festbeiträge zur Vermählung seiner Tochter Anna Dorothea Drummer mit Melchior Rinck, Adjunkt zu Grünhain, am 5. Sept. anno (Jahreszahl fehlt), Ratsschulbibliothek Zwickau, Sign. 48.6.8. (149).

Neujahrspredigt von Hermann Kettner, 1652 (auf Titel Johann Drummer), Ratsschulbibliothek Zwickau, Sign. 20.10.10. (21).

F. Schmidt, Erzgebirgsstadt Stollberg, X. Teil, S. 36.

5. Engagement für ein neues Gotteshaus

Der Bauleiter Johann Ernst Höckner

Seit den vom schwedischen Feldherrn Torstensson erreichten Zugeständ-
nissen war der Wiederaufbau der Jakobikirche ständig im Blick der Verant-
wortungsträger von Stadt und Kirchgemeinde. Die schwierige wirtschaftliche Lage erlaubte jedoch auch nach dem endgültigen Friedensschluss 1648
noch keinen baldigen Baubeginn. Erst ganz allmählich kamen Handel und
Handwerk wieder in Gang. In dieser Zeit war der Mut einzelner Leute gefragt, zu denen gewiss auch die drei Akteure des Bittganges zu Torstensson
gehörten, mit Gottvertrauen und konkreten Schritten den Bau anzugehen.
Dazu mussten beim Kurfürsten Zuschüsse angefordert und auf Kirchen-
ebene Landeskollekten zugunsten von Stollberg organisiert werden. All das
erforderte kaufmännisch geprägte und im politischen Beziehungsgeflecht
erfahrene Leute. Man wird wohl annehmen dürfen, dass Ernst Höckner mit
„seinen Pfunden gewuchert" und sich mit Engagement an den Bemühungen
der Stollberger beteiligt hat. Ein anderer Aspekt ist historisch gesichert. Er
war sich nicht zu schade, jahrelange Kleinarbeit mit der Rechnungsführung
und den Stress der Bauleitung zu übernehmen. Die Geschichte des Wiederaufbaus der Jakobikirche vom Baubeginn 1653 bis zur Weihe 1659 und den
abschließenden Arbeiten zur Ausstattung ist bereits umfassend beschrieben
und die Leistung Ernst Höckners gewürdigt worden.[30] Fein säuberlich ver-
merken die Archivunterlagen seine unentgeltliche Rechnungsführung, die
am 13. Mai 1662 abgeschlossen und bestätigt wurde.
Nach dem Bericht über die neu erstandene Jakobikirche gilt die Aufmerksamkeit wieder der Familie von Ernst Höckner und seiner Frau Magdalena.
Am 30. Mai 1653 wird als fünftes Kind und dritte Tochter Anna Rosina getauft. Sie heiratet mit 17 Jahren am 22. November 1670 in Stollberg Johann
Georg Otto, Doktor und Bürgermeister in Naumburg, Sohn des kurfürstlich-
sächsischen Verwalters zu Schulpforta, zuletzt Physikus des Domkapitels zu
Naumburg in Weißenfels. Hier wirkte sich sicher die immer noch lebhaf-
te Verbindung der Höckners zu Schulpforta aus, wo nicht nur alle Söhne
ihre Ausbildung genossen, sondern dies ebenso für die Tochter Anna Rosina galt.[31] Aber Naumburg ist offenbar auch ein wichtiger Stützpunkt in
den Handelsbeziehungen Ernst Höckners gewesen, denn es wird häufig von

---

30   Wetzel, St. Jakobi Stollberg, S. 43-49.
31   Ergänzung zur Braut beim Traueintrag: filia nuturectica in Schulpforta (Kirchenbuch Stollberg Bd. 2).

seinen Reisen dorthin erwähnt. Unter anderem berichtet Friedrich Schmidt, dass Ernst Höckner aus Naumburg eine Trommel mitbrachte, damit die Stollberger Bürgerschaft dem sächsischen Kurfürsten 1665 beim Durchzug nach Schneeberg entsprechend aufwarten konnte.[32] Am Beispiel Naumburg wird deutlich, dass Ernst Höckner nicht nur die Kontakte im wirtschaftlichen Bereich pflegte, sondern ebenso bei weltlichen und geistlichen Verantwortungsträgern ein und aus ging, Informationen austauschte sowie Ratschläge erteilte und annahm – alles in allem wohl auch ein Vorteil für sein Wirken in der Heimatstadt Stollberg.

Drei Töchter von Ernst Höckner waren mit Pfarrern verheiratet. Dazu gehört die am 3. Dezember 1654 getaufte Anna Dorothea, häufig auch Anna Theodora genannt. Sie heiratete am 2. September 1673 Magister Gottfried Müller, der damals Pfarrer in Harthau bei Waldheim war und ab 1675 in Stollberg dieses Amt übernahm und bis 1704 ausfüllte. Gottfried Müller wurde in Harthau geboren, wo sein Vater Samuel Müller Stadtrichter und Tuchscherer war. Seit 1641 lebte die Familie in Stollberg, wo sich das Paar kennenlernte. Anna Dorothea Höckner und Gottfried Müller wurden von ihrem Schwager Friedrich Kettner getraut, der eine Festschrift dazu verfasste.[33] Gottfried Müller und seine Frau werden später mit ihren Lebensdaten erwähnt, ebenso ihr Sohn Professor Gottfried Müller (1684-1747), Theologe und Philosoph, Rektor in Zittau, später Bischof in Schlesien (genannt Bischof Polycarp).

Die nächste Höcknersche Tochter, die am 27. Dezember 1656 getaufte Susanna Catharina, heiratete ebenfalls einen Theologen. Ihr Mann, Magister Enoch (Henoch) Zobel, stammte aus Schneeberg und wirkte als Archidiakon zu Annaberg.

In der Familie Ernst Höckners folgte nun mit dem am 8. November 1658 getauften David der dritte und letzte Sohn. Er stand ein wenig im Schatten seines älteren Bruders Johann Friedrich, fand jedoch als Ratsmitglied und Handelsmann ebenfalls seinen Platz in Stollberg, weshalb beiden ein Kapitel dieses Buches gewidmet ist.

Das jüngste Kind im Reigen der Nachkommen von Ernst Höckner ist das einzige, welches nicht erwachsen wurde. Die am 9. Juni 1660 getaufte Maria Elisabetha starb, erst ein Jahr alt, am 10. März 1662. Trotzdem sind acht erwachsene Kinder in der Zeit des Dreißigjährigen Krieges und dem Jahrzehnt danach eine erstaunliche Lebensleistung und ein wichtiger Grund für das

---

32   Schmidt, Erzgebirgsstadt Stollberg, XXI. Teil, S. 42.
33   Friedrich Kettner, Festschrift zur Trauung von 1673, Ratsschulbibliothek Zwickau, Sign. 48.7.1. (129).

lang anhaltende Wirken dieser Familie in Stollberg und weit darüber hinaus. Nach dem Abschluss des Kirchenbaus von St. Jakobi, zu welchem die abschließende Rechnungslegung Mitte 1662 erfolgte, konnte sich Ernst Höckner neuen Aufgaben stellen. Neben den geschäftlichen Verpflichtungen seines Handelshauses, die auch mit einer gewissen Reisetätigkeit verbunden war, übernahm er ab 1663 die Aufgabe des Stadtrichters. Eine solche Position erforderte juristische Kenntnisse. Ernst Höckner füllte dieses Amt bis zu seinem Tod aus.

Nachdem Stollberg wieder ein ansehnliches Gotteshaus besaß, verstärkte der damals gerade 50jährige Ernst Höckner seine geschäftlichen Aktivitäten und erweiterte sie gleichzeitig um neue Geschäftsfelder. Seit 1663 betrieb Höckner wieder die ehemalige Ziegelei zusätzlich zu dem in seinem Besitz befindlichen Malzhaus. 1665 erwarb er das obere Querenbachgut, welches am Anfang des Rosentales lag.[34] Wenig später kam das Rothe-Gut an der Marienkirche dazu. Bei den Erwerbungen spielte eine entscheidende Rolle, dass Ernst Höckner, seit etwa 1644 einer der wesentlichsten Gläubiger in der Stadt Stollberg, verschuldete Objekte recht günstig erwerben konnte.

Neben Pfarrer Hermann Kettner war Diakon Tobias Landrock ein wichtiger Gesprächspartner von Ernst Höckner in allen Angelegenheiten der Kirchgemeinde. Der 12 Jahre ältere Landrock wirkte vor allem als Seelsorger der Einwohner in den eingepfarrten Stollberger Dörfern, hielt die Predigten in der Filialkirche Brünlos, wo er alle kirchlichen Amtshandlungen vollzog, leitete aber auch Gottesdienste in der Stadt Stollberg. Es ist eine beachtliche Leistung von Pfarrer und Diakon, aber auch der jeweiligen Kirchgemeinden, wenn nahezu parallel zum Wiederaufbau der Stollberger Jakobikirche die (vermutlich ebenfalls kriegszerstörte) Brünloser Dorfkirche neu errichtet und 1660 geweiht werden konnte. In Brünlos ist noch heute eine Windfahne zu sehen, die neben der Jahreszahl 1660 die Initialen TL (Tobias Landrock) zeigt. Man darf wohl davon ausgehen, dass der Diakon in Bausachen eine rege Zusammenarbeit mit dem Stollberger Bauleiter Ernst Höckner pflegte. Tobias Landrock war das typische Beispiel eines überaus begabten und intelligenten Zeitgenossen, der sich, obwohl zu „Höherem" berufen, als Seelsorger mit ganzer Kraft in das Gemeinwesen erst des Dorfes Niederzwönitz und dann der Kleinstadt Stollberg mit ihren Dörfern und dem kleinen Filialdorf Brünlos einbrachte. Diese Bodenständigkeit übertrug sich auf seine Töchter,

---

34 Der obere Querenbach kommt aus dem „Heiligen Holz". Das obere Querenbachgut befand sich etwa auf Höhe des Brückenbauwerkes der heutigen Umgehungsstraße B 180.

von denen jede einen Stollberger Handwerksmeister heiratete.

→ *Lebensdaten Tobias Landrock (1598-1675)*

Ernst Höckner war offenbar nicht nur ein frommer, sondern auch gläubiger Mensch. Wie wäre es sonst zu erklären, dass ein familiär, geschäftlich und ehrenamtlich in hohem Maß geforderter Bürger sich immer wieder die Zeit für den Gottesdienst nahm. Sein Pfarrer stellte in der Leichenpredigt fest: *„Es werden wenig Betstunden / da man ihn nicht in der Kirche / wenig Predigten seyn / da man Ihn nicht in seinem RathStule gesehen."*[35]

Lebensdaten von Tobias Landrock (1598-1675)

1626-1644 Pfarrer in Niederzwönitz
1644-1675 Diakon in Stollberg (12. Diakon seit Reformation)

Geburt/Eltern: * 12.09.1598, ~ 13.09.1598 in Stollberg, Vater: Thomas Landrock (1559-1611), über 20 Jahre Diakon in Stollberg (1589-1611), Mutter: Catharina Thiele aus Buchholz, Tochter von Nikolai Thiele, Bürger und Berggeschworener im Bergstädtlein Buchholz

Verwandte: 5 Geschwister, davon 3 † als Kleinkinder, * 1592, 1594, 1603 in Stollberg, weitere Brüder: Andreas, * /~ 30.07.1595 in Stollberg, †/begr. 03.02.1634 in Stollberg, Christoph, * /~ 07.01.1597 in Stollberg, †/begr. 31.03.1630 in Zwönitz, 1619-1628 Diakon in Stollberg, 1628-1630 Pfarrer in Zwönitz, oo um 1620 mit Maria Schwabe aus Scheibenberg

Ausbildung: Schulbesuch anfangs in Stollberg bei Schulmeister Johann Neumann, 1613 Schulpforta, 1619 Universität Leipzig, war neben dem Studium Kinderlehrer bei Herrn Franziscus Romanus auf Brauswig, später bei Georg List in Leipzig, wollte eine Doktorarbeit in Philosophie schreiben, wurde aber nach Niederzwönitz gerufen, wo Pfarrer David Richter gestorben war, 1626 als Pfarrer in Niederzwönitz eingesetzt von Joachim von Schönberg, 1644 am 4. Advent in Stollberg als Diakon eingeführt

Heirat: oo 25.11.1628 in Stollberg mit Catharina Musculi (Meusel), Tochter von Meister Nikolai Muskuli, Bürger und Rotgerber in Stollberg, * errechn. 1611, † begr. 17.03.1648 in Stollberg, 37 Jahre

Kinder: alle geboren in Niederzwönitz (keine Kirchenbücher aus dieser Zeit)
    1. Catharina Landrock, * errechn. 1630, † 01.07.1683 in Stollberg, oo mit Christoph Richter, Bürger und Rotgerber in Stollberg
    2. Rebecca Landrock, * errechn. 1633, † 11.09.1684 in Stollberg, oo mit Moritz Niedner, Bürger und Tuchmacher in Stollberg

---

35   Leichenpredigt für Ernst Höckner, Ratsschulbibliothek Zwickau, Sign. 49.2.1.(14).

3. Elisabeth Landrock, oo 1662 I. Ehe mit Johann Kramer, oo II. Ehe mit August Gensel, Bürger und Tuchmacher in Stollberg
4. Tobias Landrock, * errechn. 1638, Tuchknappe, † 12.08.1683 in Stollberg als Junggeselle
5. NN, † als Kleinkind in Niederzwönitz

Bemerkungen:
Tobias Landrock hat in drei Jahrzehnten des Wirkens in Stollberg und als Amtsprediger in Brünlos wesentlich den Wiederaufbau der Jakobikirche in Stollberg (1659 geweiht) sowie der Dorfkirche in Brünlos (1660 im Rohbau fertig) begleitet. Eine erhaltene Windfahne auf der Brünloser Kirche trägt die Initialen TL und die Jahreszahl 1660.

Tod: † 20.12.1675, begr. 22.12.1675 in Stollberg, Alter: 77 Jahre, 3 Monate und etliche Tage

Quellen:
Herrn Tobias Landrock, Leichenpredigt von 1675, verfasst von Mag. Gottfried Müller, Pfarrer in Stollberg, Herzog August Bibliothek Wolfenbüttel, Sign. 14839.
Tobias Landrock, Leichenpredigt für Georg Kettner, 1658; Abdankung für Ernst Höckner, 1669.

Übrigens lebte die Schwiegermutter Höckners, Magdalena Stepner, geb. Weingart[36], die letzten Jahre in Stollberg bei ihrer Tochter, denn sie stirbt dort im Februar 1669, nur wenige Monate vor ihrem Schwiegersohn.

Ernst Höckner hatte, obwohl gesundheitlich eine recht stabile Natur, lange Probleme mit Nierensteinen, die mit der

Titelblatt der Leichenpredigt von Johann Ernst Höckner (1610-1669), Original: Ratsschulbibliothek Zwickau

Zeit zunahmen. Deshalb trennte er sich von verschiedenen, von ihm betriebenen Unternehmen, wie zum Beispiel dem Anwesen am oberen Querenbach. Hier taucht 1668 Johannes Vogel als Pächter auf, 1669 wird Daniel Hoffmann als Verwalter Höcknerscher Anwesen genannt. Die Probleme mit den Nierensteinen traten ein Jahr vor Ernst Höckners Tod während eines Aufenthaltes in Leipzig stark hervor, ebenso bei seiner letzten Reise nach Naumburg drei Wochen vor dem Tod. Häufig musste sein Arzt, der Chemnitzer Doktor Christian Friedrich Germann, nach Stollberg kommen. Am 24. Juli 1669 erlag Ernst Höckner seinem Leiden und wurde als Ratsmitglied und Stadtrichter unter großer Teilnahme der Bevölkerung am 28. Juli 1669 in Stollberg begraben. Schon Jahre vor seinem Tod hatte er auf dem Stollberger Friedhof ein Erbbegräbnis für sich und seine Familie vorbereiten lassen.

Nach seinem Tod ließ seine Witwe ein schon damals viel beachtetes Epitaph aufrichten, dessen Bedeutung im letzten Beitrag dieses Bandes beschrieben ist. Das Denkmal hatte eine heute nicht mehr erhaltene Inschrift. Sie soll zum Abschluss des Berichtes über Leben und Wirken Johann Ernst Höckners wiedergegeben werden[37]:

> *„Epitaphium Ernst Höckner,*
> *Bauer und Stadt Regent 1672*
> *Zu Gottes Ehre ward diß Ehrenmal erbaut*
> *Herr Höckner, dessen Geist nun seinen Schöpfer schaut,*
> *Bauer, der Stadt Regent den dißes Gotteshaus*
> *Noch dankt für seinen Fleiß seit sein Gedächtnis aus.*
> *Die hinterlaßenen gedenken seiner Treue*
> *Sie wünschen Seiner Seel des Himmel Heil und Freud*
> *Der Nahme sei vermählt der Zeit und Ewigkeit"*

> *Beatissimi Domini Ernesti Höckneri Relicta Vidua*
> *et Heredes reliqui posuerunt anno 1672*

---

36   Otto Jena, Das Höckner-Epitaph in Stollberg im Erzgebirge, in: Archiv für Sippenforschung, Heft 5/1932.
37   Schmidt, Nachträge.

6. Im Dienst für eine aufblühende Stadt

Die Brüder Johann Friedrich und David Höckner

Die Brüder Johann Friedrich und David Höckner verkörperten bereits die vierte Generation der aus Böhmen nach Stollberg (zurück)gekommenen Familie. Der ältere Johann Friedrich wurde am 29. April 1650 in eine schwierige Nachkriegszeit hineingeboren, hatte für sich aber das Privileg eines bereits wieder wirtschaftlich erholten Vaters und somit eines behüteten Elternhauses. Die Eltern schickten den erst Fünfjährigen schon zu Beginn seiner Ausbildung nach Schulpforta, wohl um ihn gleich mit einem anspruchvolleren Niveau zu konfrontieren als es die Stollberger Kirchschule ermöglichte. Ein Weggefährte der Jugendzeit von Johann Friedrich Höckner war der etwas ältere Pfarrersohn und Namensvetter Friedrich Kettner. Letzterer wurde sicherlich in den Gesprächen der Stollberger Bürgerschaft als lobenswertes Beispiel erwähnt, weil er so lernbegierig war, dass er selbst die Nachtstunden zum Studieren nutzte. Die finanzielle Situation seines Vaters, immerhin des ersten Stollberger Pfarrers, erlaubte allerdings keinen Besuch einer höheren Schule. Erst mit dem Stipendium eines Chemnitzer Ratsherrn konnte Friedrich Kettner ab 1658 die Ausbildung in Schulpforta fortsetzen, wo er sicherlich den kleinen Johann Friedrich aus der befreundeten Stollberger Höckner-Familie wiedertraf.

Lebensdaten von Johann Friedrich Höckner (1650-1729)

1679-1685 genannt als Handelsmann, ab 1685 auch als Ratsherr in Stollberg
1694,1702 Steuereinnehmer, Bürgermeister und vornehmer Handelsmann in Stollberg, teilweise erwähnt als berühmter Kauf- und Handelsherr
1729 kurfürstlich-sächsischer Steuereinnehmer und ältester hochverdienter Bürgermeister

Geburt/Eltern: * 29.04.1650, ~ 01.05.1650 in Stollberg, Vater: Ernst Höckner (1610-1669), Mutter: Magdalena Stepner (1624-1689)

Heirat:

oo I. Ehe am 02.06.1678 in Frankenberg mit Anna Regina, geb. Höpner, Tochter von Johann Höpner (1622-1684), Handelsmann zu Frankenberg, * 29.12.1655 in Frankenberg, † 05.04.1697, begr. 08.04.1697 in Stollberg, 41 Jahre alt

oo II. Ehe am 01.12.1705 vermutl. in Hohenstein mit Susanne Ebhardt, geb. Rudolph, Jacob Ebhardts, Stadtrichters und angesehenen Handelsmannes zu Hohenstein, nachgelassene Witwe, † 27.01.1718, begr. in Stollberg

Kinder I. Ehe:

1. Rosina Magdalena Höckner, * 15.12.1679, ~ 17.12.1679 in Stollberg, oo am 28.11.1702 in Stollberg mit Gottfried Heinrich Kranz (Krantz), Handelsmann in Leipzig
2. Anna Regina Höckner, * 27.10.1681, ~ 30.10.1681 in Stollberg, † 09.11.1681, 14 Tage alt
3. Johann Ernst Höckner, * 08.10.1682, ~11.10.1682 in Stollberg, Steuereinnehmer, Handelsmann in Stollberg → *Lebensdaten Johann Ernst Höckner (1682-1754)*
4. Anna Regina Höckner, * 02.01.1684, ~ 04.01.1684, in Stollberg, oo mit Johann Jacob Ebhardt, vornehmer Kauf- und Handelsmann, auch Stadtrichter zu Hohenstein
5. Johann Friedrich Höckner, * 16.07.1685, ~ 19.07.1685 in Stollberg, kurfürstlich-sächsischer Ober-Hof-Gerichts- und Konsistorial-Advokat, Rechtsprofessor in Leipzig → *Lebensdaten Johann Friedrich Höckner (1685-1745)*
6. NN Höckner, † 09.08.1693
7. NN Höckner, begr. 10.07.1694

Tod: † 01.11.1729, begr. 04.11.1729 in Stollberg

Lebensdaten von Mag. Friedrich Kettner (1645-1680)

1671-1675 Pfarrsubstitut in Stollberg (beim Vater)
1675-1680 Diakon an der Thomaskirche zu Leipzig (Probepredigt 22.02.1675)

Geburt/Eltern: * 24.08.1645, ~ 25.08.1645 in Stollberg, einer der Paten war sein späterer Schwiegervater Ernst Höckner, Vater: Mag. Hermann Kettner (Pfarrer in Stollberg, Adjunkt der Inspektion zu Chemnitz), Mutter: Catharina Deuerlin aus Leipzig, Tochter von Friedrich Deuerlin, edler Ratsherr und Waage- und Steuerschreiber in Leipzig

Geschwister:

1. Georg Kettner, * 20.08.1637, ~1637 in Chemnitz, † 14.04.1658 in Freiberg, am 01.05.1658 als erster in der neuen (noch nicht fertigen) Kirche in Stollberg bestattet
2. Rosina Kettner, * in ?Chemnitz, oo 28.08.1660 in Stollberg mit Theodor Neefe aus Chemnitz, Sohn von Caspar Neefe, Fürstlich-Magdeburgischer Pfänner in Halle
3. Hermann Kettner, * 28.05.1647, ~ 30.05.1647 in Stollberg, † 05.09.1647 in Stollberg, 14 Wochen alt
4. Elisabeth Kettner, * Nov.1648, ~ 16.11.1648 in Stollberg, oo 27.02.1666 in Stollberg mit Johann Engelmann, Handelsmann aus Chemnitz, Sohn des Georg Engelmann, Handelsmann des Rats zu Chemnitz
5. Maria Kettner, * Aug.1656, ~ 17.08.1656 in Stollberg, † als Kleinkind in Stollberg

Ausbildung: Privatunterricht beim Vater und in der Stadtschule Stollberg, 1658-1660 Landesschule Pforta (ein Chemnitzer Rat finanzierte die Freistelle), 1660-1662 Privatschule von Christian Daum, 1662-1664 Universität Leipzig, 1664 als Magister „cum laude" promoviert, 1664-1665 Universität Wittenberg, ging wegen des kranken Vaters nach Stollberg zurück, 1666 Pfarrsubstitut in Stollberg (Probepredigt 24.08.1666)

Heirat: oo am 04.02.1668 in Stollberg mit Maria Magdalena Höckner, */~ 18.04.1647 in Stollberg, Tochter von Johann Ernst Höckner, Ratsherr und Bürgermeister in Stollberg und Magdalena Stepner aus Zwickau

Kinder: 7, davon 4 Söhne und 3 Töchter
1. Friedrich Hermann Kettner, * / ~ 30.04.1669 in Stollberg
2. Friedrich Ernst Kettner, * / ~ 21.01.1671 in Stollberg, † 21.07.1722 in Quedlinburg, Theologe, Superintendent in Quedlinburg → *siehe Lebensdaten*
3. Friedrich Gottlieb Kettner, * / ~ 04.10.1672 in Stollberg, Mag. und Pastor, † 29.01.1739 in Magdeburg
4. Maria Rosina Kettner, * / ~ 07.08.1674 in Stollberg
5. Catharina Magdalena Kettner, * in Leipzig
6. Friedrich Benedikt Kettner, * 1678 in Leipzig, 1697 Universität Leipzig, 1706 Magister, 1708 Baccalaureus, 1708 Substitut im Lazarett Leipzig, 1709 Pfarrer an St. Jakobi in Leipzig, 1714 an St. Johannis, † 1749 als Pfarrer an St. Johannis in Leipzig
7. Johanna Sophia Kettner, * in Leipzig

Tod: † 14.09.1680 in Leipzig, begr. (mit christlichen Zeremonien und Leichenpredigt beehret am 11.10.1680 in der Paulinerkirche zu Leipzig) Alter: 35 Jahre 3 Wochen

Quellen:
Festschrift zur Trauung von 1668, Ratsschulbibliothek Zwickau, Sign. 6.2.10. (171) MF 6555.
Leichenpredigt Friedrich Kettner, 1680, Ratsschulbibliothek Zwickau, Sign. 49.2.5.(26); Leichenpredigten der Söhne Friedrich Ernst und Friedrich Gottlieb Kettner, Herzog-August-Bibliothek Wolfenbüttel, Sign. 14472 und 14473.

Nach Studium und Ausbildung sahen sich die beiden in Stollberg wieder, jeweils ihre Väter unterstützend, Friedrich Kettner als Substitut (Gehilfe, Vertreter) des Pfarrers und Johann Friedrich Höckner als Mitarbeiter im Handelshaus bzw. den Vorwerken und sonstigen Unternehmen. Später ging der erstere nach Leipzig, wo aus seiner Familie etliche Theologen bekannt wurden. Er selbst starb 35jährig als Diakon an der Thomaskirche in Leipzig, als dort 1680 die Pest grassierte.

→*Lebensdaten von Mag. Friedrich Kettner (1645-1680)*

Um diese Zeit hatte sich sein Jugendfreund Johann Friedrich Höckner als Handelsmann in der Heimatstadt Stollberg etabliert. Er musste nach dem Tod des Vaters bereits mit 19 Jahren die vielfältigen Handels- und Fabrikationsunternehmen fortführen. Sein älterer Bruder Johann Ernst hatte sich ja als Handelsmann in Annaberg niedergelassen. Johann Friedrich war seit seiner Rückkehr aus Schulpforta im väterlichen Geschäft tätig und schon mit dem Beziehungsgeflecht des Handelshauses sowohl innerhalb der Stadt als auch darüber hinaus vertraut. Ein selbständiges verantwortungsvolles Agieren gelang ihm sicherlich – auch mit Hilfe der Mutter – in ziemlich kurzer Zeit. Im Jahr 1778 heiratete er standesgemäß in Frankenberg die fünf Jahre jüngere Anna Regina Höpner, Tochter des Frankenberger Handelsmannes Johann Höpner (1622-1684). Die am 15. Dezember 1679 geborene Tochter Rosina Magdalena ging später nach Leipzig, nachdem sie am 28. November 1702 in Stollberg Gottfried Heinrich Kranz (Krantz), einen Leipziger Handelsmann geheiratet hatte. Hier erweist sich auch die nach 1660 spürbare deutliche Hinwendung der Stollberger zur sächsischen Handelsmetropole Leipzig, insbesondere als internationaler Umschlagplatz der feinen Tuchware.

Als erster Sohn wird am 8. Oktober 1682 Johann Ernst geboren, der später als Steuereinnehmer und Handelsmann in Stollberg die Familientradition fortsetzt. Ihm wird ein separates Kapitel gewidmet.

→ *Lebensdaten Johann Ernst Höckner (1682-1754)*

Die am 2. Januar 1684 geborene Tochter Anna Regina zog nach der Hochzeit mit Johann Jacob Ebhardt, einem vornehmen Kauf- und Handelsmann, auch Stadtrichter zu Hohenstein, in dessen knapp 20 Kilometer nördlich von Stollberg gelegenen Heimatort. Nach dem Tod seiner ersten Ehefrau heiratete Johann Friedrich Höckner 1705 vermutlich in Hohenstein die Schwiegermutter seiner Tochter Anna Regina, Frau Susanne Ebhardt, geb. Rudolph, weiland Herrn Jacob Ebhardts, Stadtrichters und angesehenen Handelsmannes zu Hohenstein, nachgelassene Witwe.

Von den folgenden Kindern wurde nur der nach dem Vater genannte Johann Friedrich Höckner erwachsen. Dieser am 16. Juli 1685 in Stollberg geborene Sohn machte eine beachtliche Karriere als Rechtsprofessor in Leipzig. Ihm wird zusammen mit seinem drei Jahre älteren Bruder Johann Ernst das nächste Kapitel gewidmet.

→ *Lebensdaten Prof. Johann Friedrich Höckner (1685-1745)*

Im Schülerverzeichnis von Schulpforta[38] findet sich der Eintrag: *„Sommer*

---

38 Löbe/Löbe, Geschichte der Kirche und Schulen Sachsens, Bd. 1, S. 582; Schuster, Stollberg.

1700 Johann Gabriel Höckner aus Stollberg Misuensis depositur 16 gr.", was auf einen weiteren Sohn hindeutet. Wahrscheinlicher ist jedoch ein Schreibfehler. Richtigerweise sollte es sich um den vorgenannten Johann Friedrich Höckner handeln, der 1700 sein Studium in Leipzig begann und im gleichen Sommer die Landesschule abgeschlossen haben müsste.

Ganz allmählich hatte sich die Stadt Stollberg nach der Mitte des 17. Jahrhunderts wieder wirtschaftlich erholt, wovon auch die Höcknerschen Unternehmungen profitierten. Rückschläge gab es immer wieder durch die Rückkehr der Pest in die Stadt, so in den Jahren

Lebensdaten von David Höckner (1658-1728)

1693-1713 Ratsmitglied und (Vornehmer) Handelsherr in Stollberg
1714-1728 Vornehmer des Rats, Stadtrichter, berühmter Handelsmann

Geburt/Eltern: */~ 08.11.1658 in Stollberg, Vater: Ernst Höckner (1610-1669), Mutter: Magdalena, geb. Stepner aus Zwickau

Heirat: oo zwischen 12.11. und 31.12.1692 in Schneeberg mit Maria Regina Scheibner, Tochter von Christian Scheibner, Ratsherr und Kämmerer in Schneeberg, † 04.11.1730, begr. 08.11.1730 in Stollberg, Alter: 53 Jahre weniger 9 Wochen

Kinder:
1. Magdalena Sibylla Höckner, */~ 25.11.1693 in Stollberg, oo am 13.02.1714 in Stollberg mit Christian Döring, Kauf- und Handelsmann aus Greiz, Sohn des vormaligen Bürgermeisters in Greiz
2. Anna Regina (Maria) Höckner, */~ 04.05.1696 in Stollberg, oo am 27.11.1714 in Stollberg mit Johann Döring, Kauf- und Handelsmann in Reichenbach, dem ältesten Sohn des Bürgermeisters in Reichenbach
3. Johanna Rosina Höckner, */~ 28.07.1697 in Stollberg, oo am 13.07.1719 in Stollberg mit Magister Friedrich Dassdorf, wohlverordneter Pastor in Elsterberg
4. Anna Catharina Höckner, */~ 02.03.1699 in Stollberg
5. Maria Regina Höckner, */~ 20.09.1701 in Stollberg
6. Susanna Catharina Höckner, */~ 16.02.1703 in Stollberg
7. Christian Ernst Höckner, */~ 09.08.1705 in Stollberg, 1748 hat er einen unehelichen Sohn
8. Christiana Susanna Höckner, */~ 19.05.1708 in Stollberg, oo am 18.02.1732 in Stollberg mit Gottlieb Ficker, Kauf- und Handelsmann in Stollberg, hinterlassener Sohn von Esaia Ficker, Kauf- und Handelsmann aus Scheibenberg, vorher Schlettau

Bemerkungen: David Höckner ist bei der Wiedererrichtung des Stollberger Rathauses auf der Tafel genannt, die sich im heutigen Amtsgericht befindet. Das väterliche Handelsgeschäft führte er gemeinsam mit seinem Bruder Johann Friedrich weiter.

Tod: † 15.03.1728, begr. 19.03.1728 in Stollberg, Alter: 69 Jahre 4 Monate

1670, 1677, 1680 und 1688[39], wobei die Pest 1680 noch eine andere nachteilige Wirkung hatte. Jedermann freute sich auf die bevorstehende Zusammenkunft der Städte des erzgebirgischen Kreises in Stollberg. Stadtobere und Geistlichkeit hofften auf mehr Reputation für ihre Stadt. Die Gastwirte, Handwerker und nicht zuletzt die Händler, unter ihnen der 30jährige Johann Friedrich Höckner, erwarteten überdurchschnittliche Umsätze und neue Geschäftsverbindungen. Alle Hoffnungen zerschlugen sich durch die wieder einmal eingeschleppte Pest und die Absage der Sitzung für Stollberg. Leider kam in den Folgejahren auch ein Absatzeinbruch bei den ansonsten profitablen Tuchwaren hinzu, der hauptsächlich durch die Zollpolitik der Kleinstaaten sowie den Nordischen Krieg und den spanischen Erbfolgekrieg hervorgerufen wurde.

Dem Städtchen Stollberg waren keine langen Phasen einer wirtschaftlich guten Entwicklung beschieden. Auch hatte sich die im Frühmittelalter noch sehr günstige Verkehrslage inzwischen für Stollberg nachteilig entwickelt. Bei der Ost-West-Verbindung zwischen Chemnitz und Zwickau dominierte die Trasse über Lichtenstein. Die Straße Chemnitz-Stollberg-Schneeberg verlor an Bedeutung. Als bessere Nord-Süd-Verbindung von Altenburg über Waldenburg ins Obererzgebirge und nach Böhmen setzte sich die Hohe Straße zwischen Lichtenstein und Lößnitz durch. Hier wollte zwar der Stollberger Amtmann Christian Pohle mit dem Bau des Zollhauses Zschocken 1691 weitere Geleitgelder einnehmen, koppelte so aber die Stadt Stollberg vom Großteil der Handelsreisenden ab.

In dieser Situation waren Johann Friedrich Höckner und sein inzwischen in das Geschäft eingestiegener Bruder David gefordert, das Stollberger Handelshaus auch über schwierige Phasen zu bringen, was ihnen offenbar gelang. Die Brüder erwarben weitere Geschäftshäuser hinzu, die an der Südseite des Marktes[40], am Rossmarkt[41] und am Schlossberg[42] standen.

Gemeinsam wirkten die beiden Brüder zusammen mit den anderen Ratsherren beim Wiederaufbau des 1633 zerstörten und nur einigermaßen wieder hergerichteten Rathaus mit. Die einst dem Brand ausgesetzten Mauern drohten 1691 endgültig einzustürzen, sodass wiederum zu großen Teilen mit geliehenem Geld 1692 der Neuaufbau begann, von dem eine erhaltene Tafel im heutigen Amtsgericht wie folgt berichtet:

---

39 Schuster, Stollberg.
40 Heute Drogerie und Fotohandlung, vorher lange Jahre bekannt als Drogerie Tränkner.
41 Heute SB-Terminal einer Bank, vorher lange Jahre bekannt als Bankgebäude.
42 Das sog. Königsche Haus.

Mit göttlicher Gnade
unter
der allermildesten Herrschaft
Johann Georgs IV.
Churfürsten von Sachsen,
des Frommen, Tapfern, Großmüthigen,
hat das Stollbergische Rathaus,
welches beim Einfall der Holkschen
Krieger
im Jahre 1633 zerstört
worden war,
wieder hergestellt die Fürsorge
der Bürgermeister und Rathmänner
Johann Friedrich Hökner
Johann George Trefurt
David Dietze
Daniel Götze
Friedrich Blüher
Christoph Vogel
Adam Zikler
David Hökner
und
Friedrich Meißner

Diese Tafel weist Johann Friedrich Höckner für 1692 als regierenden und Johann Georg Treffurt als ruhenden Bürgermeister aus. Dann folgen der Stadtschreiber David Dietze und die Ratsmitglieder. Das neue Rathaus wurde mit der Eröffnung der Ratsstube am 15. Mai 1700 übergeben.

Zu dem noch nicht näher behandelten David Höckner gibt es weniger Informationen als zu seinem Bruder Johann Friedrich, die fast ausschließlich aus den Kirchenbüchern stammen. Er heiratete im Alter von 34 Jahren standesgemäß die Tochter eines Schneeberger Handelsmannes und Kämmerers. Von seinen acht Kindern waren sieben Töchter, die ebenso – soweit Daten vorliegen – an Handelsherren mit erkennbarem örtlichen Einfluss vermählt wurden. Der Lebensweg des einzigen Sohnes, Christian Ernst Höckner, lässt sich nicht rekonstruieren (Wegzug?). Damit bleibt bislang die Geschichte der Stollberger Höcknerfamilie auf die Nachkommen von Johann Friedrich Höckner (1650-1729) begrenzt.

Ein Stollberger Weggefährte der Brüder Johann Friedrich und David Höckner im letzten Viertel des 17. Jahrhunderts war der Pfarrer Gottfried Müller, aufgrund der Heirat mit Schwester Anna Dorothea gleichzeitig ihr Schwager. Die Höckner-Brüder kannten den zehn bzw. 18 Jahre älteren Geistlichen als Stollberger Stadtkind wohl von klein auf, aber näher erst

Lebensdaten von Pfarrer Gottfried Müller (1641-1704)

1671 Substitut, 1672 Diakon in Briesnitz bei Dresden
1673-1675 Pfarrer in Harthau (seiner Geburtsstadt)
1675 Pfarrsubstitut in Stollberg
1675-1704 Pfarrer in Stollberg

Geburt/Eltern: * 1640 in Harthau bei Waldheim, Vater: Samuel Müller, Tuchscherer in Harthau, die Familie zog 1641 nach Stollberg, der Vater war hier Tuchscherer und Tuchmacher, später auch Stadtrichter, Mutter: Juliana, geb. Poetius (1619-1688)

Ausbildung: 1653-1659 Schulpforta, 1660-1663 Universität Leipzig, Magister

Heirat: oo am 02.09.1673 mit Anna Dorothea Höckner, Tochter des Ratsherrn und Handelsmannes Johann Ernst Höckner, */~ 03.12.1654 in Stollberg, † 08.12., begr. 12.12.1730 in Stollberg, 76 Jahre

Kinder:

1. Johanna Magdalena Müller, */~ 19.07.1676 in Stollberg, † 20.04.1736 in Stollberg, oo am 08.09.1696 in Stollberg mit David Dietze, Stadtschreiber und Advokat in Stollberg (1662-1731), Sohn von Nikolai Dietze, vornehmer Bürger und Kastenvorsteher in Zwickau; David Dietze war auch Steuereinnehmer in Thum

2. Gottfried Ernst Müller, */~ 26.04.1678, Stadtschule Stollberg, dann Annaberg, 1694 Gymnasium Altenburg, 1696 Akademie in Leipzig, 1699 Magister in Leipzig, hielt dort Collegia, 1701 Pastor-Substitut in Stollberg, 1704 Diakon in Erbisdorf, 1705 Pastor in Siebenlehn, 1708 Baccalaureus der Theologie in Leipzig, 1711 von Herzog Wilhelm Ernst zu Sachsen-Weimar zum Obersten Pastor und Superintendent in Ilmenau bestellt, 1725 Doktor der Hl. Schrift, 1730 Pastor und Superintendent in Dornburg/Saale, oo I. Ehe 1712 mit Christiane Charitas Krausold, Tochter von Friedrich Krausold, Fürstlich-Merseburgischer Hofrat, oo II. Ehe 1719 mit Sophia Elisabeth Cellari, Tochter von Dr. Johann Georg Cellarius, Rats- und Leibarzt in Rudolstadt, †1747 als Superintendent in Dornburg, viele Veröffentlichungen

3. Juliana Theodora Müller, */~14.06.1680, † 23.03.1683 in Stollberg, 2 Jahre und 38 Wochen alt

4. Gottfried Müller, * 14.06., ~ 16.06.1684 in Stollberg, † 17.06.1747 in Urschkau bei Glogau (Schlesien), 1716 Prof. in Leipzig, 1723 Dir. Gymnasium Zittau, seit 1729 Korrespondenz mit Zinzendorf in Herrnhut, 1740 Bischof der Mährischen Kirche in Marienborn, auch Leiter des Pädagogischen und theologischen Seminars in Wetterau

Bemerkungen: Gottfried Müller (Vater) ist Verfasser der Leichenpredigt von Tobias Landrock (1675) und Magdalena Höckner, geb. Stepner (1689). In den letzten Lebensmonaten war ihm sein Sohn Gottfried Müller als Substitut zur Seite gestellt worden.

Tod: †/begr. 08.07.1704, 63 Jahre alt, „Das Leichenbegräbnis ist in der Hauptkirche gehalten und sein Körper daselbst eingesenket worden."

Quellen:
Johann Heinrich Zedler, Großes vollständiges Universallexikon aller Wissenschaften, Bd. 22 (Buchst. M).
Friedrich Kettner: Festschrift zur Trauung von 1673, Ratsschulbibliothek Zwickau, Sign. 48.7.1. (129).

seit seiner Heirat 1673 und dem zwei Jahre später erfolgten Amtsantritt in Stollberg. Gottfried Müller wirkte über 30 Jahre als Pfarrer in Stollberg, zuletzt krankheitsbedingt unterstützt durch seinen Sohn. Zu seinem Tod wird in der Fachliteratur angegeben, dass er 1704 vermutlich als Pfarrer von Ilmenau verstorben ist.[43] Dies ist nicht zutreffend, vielmehr eine Verwechslung mit seinem Sohn Gottfried Ernst Müller, der ab 1711 als Pastor in Ilmenau fungierte. Das Stollberger Kirchenbuch weist am 8. Juli 1704 Gottfried Müllers Leichenfeier aus, die für ihn als amtierenden Pfarrer in der Hauptkirche St. Jakobi stattfand, wo er auch bestattet wurde. Im Amt des Pfarrers folgte ihm 1705 der aus Dresden stammende Mag. Gottfried Schmid (1666-1741).

Aus der Stollberger Höcknerfamilie traten um diese Zeit zwei junge Männer in ihr Berufleben ein, denen sich das nächste Kapitel widmet.

---

43   Grünberg, Die Parochien und Pfarrer der Evang.-Luth. Landeskirche Sachsens 1539-1939, Freiberg 1940.

7. Der Kaufmann in Stollberg und der Jurist in Leipzig
Die Brüder Johann Ernst und Johann Friedrich Höckner

Das Wirken dieser beiden Brüder reicht bereits über das Jahr 1700 hinaus und kommt in der ersten Hälfte des 18. Jahrhunderts zum Tragen, bleibt aber kunst- und kulturhistorisch gesehen in der Zeit des Barock. Da die Geschichte der Höckner-Familie möglichst im Gesamtzusammenhang beleuchtet werden soll, sind nachfolgend auch diese Generationen behandelt, ohne auf den regional- und landesgeschichtlichen Zusammenhang ausführlicher einzugehen. Aus gleichem Grund ist nur noch die Biographie eines Weggefährten beigefügt.

Die Lebensläufe der in Stollberg gebliebenen Höckner-Söhne ähneln sich immer mehr. So übernahm der 1682 geborene Sohn Johann Ernst die Aufgabe des Steuereinnehmers von seinem Vater Johann Friedrich Höckner, später wurde er Ratsmitglied und Bürgermeister. Er hatte schon länger in der väterlichen Handlung mitgearbeitet, als er 1610 Anna Maria Ebhardt aus Hohenstein heiratete, wo deren bereits verstorbener Vater Jakob Ebhardt als Handelsmann und Stadtrichter gewirkt hatte. Das Paar besaß seitdem gemeinsame Eltern und Schwiegereltern, weil fünf Jahre früher der Vater des Bräutigams die Mutter der Braut in zweiter Ehe geheiratet hatte. Anders gesagt, wurde Johann Ernst Höckners bisherige Stiefmutter mit seiner Heirat auch seine Schwiegermutter. Eine weitere Verbindung zwischen den Familien Höckner und Ebhardt ist die Heirat von Marie Ebhardts Bruder Jacob Johann Ebhardt mit Anna Regina Höckner, der 1684 geborenen Schwester ihres Mannes, also ihrer Schwägerin.

1746 gründete Johann Ernst Höckner eine Schwefelstampfe im oberen Querenbachtal sowie eine Schießpulverfabrik in Mitteldorf. Die Schwefelherstellung erfolgte sicherlich im oder nahe des oberen Querenbachgutes, welches den Höckners gehörte. Dort befand sich auch ein größerer Teich, der als Wasserreservoir diente, um für einen halbwegs kontinuierlichen Zulauf für das Mühlrad zu sorgen, welches die Stampfe antrieb. Über die auf Mitteldorfer Flur betriebene Schießpulverfertigung gibt es kaum Informationen. Ein kleiner neuerlich gefundener Beleg ist ein mit seinen Eltern nach Mitteldorf zugezogener Pulvermacher namens Georg Steinbach, der 1713 Regina Hofmann aus Stollberg ehelichte.[44]

---

44 Frau Heidemarie Scheibner aus Raum hat dankenswerterweise auf diesen Traueintrag 7/1713 hingewiesen.

Um 1730 besaß die Familie Höckner, zu dieser Zeit also Johann Ernst Höckner, außerdem das sog. niedere Querenbachgut[45], welches in Stollberg auch Bellevue genannt wurde und am Hang oberhalb der Schiefermühle lag. Dieses Gut befindet sich nicht am niederen Querenbach, jedoch auf dem Weg dorthin, der von der Stollberger Unterstadt früher als Zschopauer Straße, heute als Johannisgasse, bergwärts führt. Dieses gelegentlich als Vorwerk,

Lebensdaten von Johann Ernst Höckner (1682-1754)

...1717...1722 ... königlich-polnischer und kurfürstlich-sächsischer Steuereinnehmer und vornehmer Kauf- und Handelsmann in Stollberg
...1749-1754 Bürgermeister in Stollberg

Geburt/Eltern: * 08.10.1682, ~ 11.10.1682 in Stollberg, Vater: Johann Friedrich Höckner (1650-1729), Mutter: Anna Regina, geb. Höpner aus Frankenberg (1655-1697)

Heirat: oo am 22.09.1710 in Hohenstein mit Johanna Maria, geb. Ebhardt, weil. Herrn Jacob Ebhardts, Stadtrichters und angesehenen Handelsmannes zu Hohenstein, nachgelassene Jungfer Tochter, *errechn. 1689, † ?/begr. 21.04.1766 in Stollberg, Alter: 76 Jahre, 9 Monate

Kinder:

1. Friedrich Ernst Höckner, * 22.11.1717, ~ 25.11.1717 in Stollberg, oo am 20.08.1754 in Stollberg als Erblehngerichtsherr von Oberzetzscha mit Charlotte Dorothea Liebe (* 22.12.1731 in Stollberg, Tochter des kurfürstlich-sächsischen Amtmannes Gottfried Daniel Liebe (1691-1761); die Trauung fand auf dem Stollberger Schloss statt, † 20.07.1809 in Wilchwitz nahe Altenburg), † 13.12.1805 in Oberzetzscha → *Lebensdaten Friedrich Ernst Höckner (1717-1805)*
2. Johann Gottlob Höckner, * 24.09.1722, ~ 01.10.1722 in Stollberg, Steuereinnehmer und Handelsmann, auch Bürgermeister in Stollberg
→ *Lebensdaten Johann Gottlob Höckner (1722-1777)*

Bemerkungen: 1749 erwirbt Johann Ernst Höckner die Konzession für eine Kirchenkapelle in St. Jakobi.

Tod: † am 21.03.1754, begr. 24.03.1754 in Stollberg

Quellen:
Michael Wetzel, St. Jakobi Stollberg, Festschrift zum 350. Kirchweihjubiläum, Stollberg 2009.

---

45   Schmidt, Erzgebirgsstadt Stollberg , XIII. Teil, S. 111.

Höcknerisches Vorwerk oder Höcknerisches Niedergut bezeichnete Anwesen betrieben Pächter, von denen beispielsweise folgende im Kirchenbuch belegt sind:

1727, 1732, 1734	Johann Köhler
1735, 1737	Gottlieb Herhold (Herold)
1742, 1744, 1746, 1751	Johann Christian Vogel

1749 erwarb Johann Ernst Höckner die Konzession für eine Kirchenkapelle in St. Jakobi. Das Betstübchen wurde an die Südseite des Gotteshauses angebaut, verursachte jedoch zunächst etliche Probleme, die schon 2009 ausführlicher beschrieben wurden.[46]

Je gleichförmiger die Lebensläufe der in Stollberg gebliebenen Höckner-Söhne wurden, umso interessanter entwickelten sich jene der in die Fremde gezogenen männlichen Nachkommen. Der nach dem Vater genannte und am 16. Juli 1685 in Stollberg geborene Johann Friedrich Höckner machte eine beachtliche Karriere als Rechtsprofessor in Leipzig. Er studierte ab Sommer 1700, also mit 15 Jahren, an der Universität Leipzig und promovierte dort im Jahr 1705 zum Baccalaureus, also mit 20 Jahren. Dem folgte 1706 der Magister- und 1707 der Doktorgrad. Letztendlich wirkte Prof. Dr. jur. et phil. Johann Friedrich Höckner als kurfürstlich-sächsischer Ober-Hof-Gerichts- und Konsistorial-Advokat. Es gab also auch Höcknersche Nachkommen, die nicht der kaufmännischen Familientradition folgten. Der Leipziger Rechtsprofessor wurde zweifach Witwer und heiratete noch ein drittes Mal, wobei die Ehefrauen allesamt aus vornehmen und wohlhabenden Familien stammten. Der Kontakt von Stollberg nach Leipzig muss sehr intensiv gewesen sein,

Lebensdaten von Prof. Johann Friedrich Höckner (1685-1745)

1706-1745 Rechtsprofessor in Leipzig, Ober- Hof- und Konsistorial-Advokat

Geburt/Eltern: * 16.07.1685, ~ 19.07.1685 in Stollberg, Vater: Johann Friedrich Höckner (1650-1729), Handelsmann, Steuereinnehmer, Bürgermeister in Stollberg, Mutter: Anna Regina Höckner, geb. Höpner aus Frankenberg (1655-1697)

Ausbildung: sehr wahrscheinlich Schulpforta, Studium in Leipzig, dort folgender Eintrag: *„Sommer 1700 Johann Friedrich Höckner aus Stollberg, promoviert i. J. 1704 bacealarius artium 28.XI. 1705, magister 4.II.1706 inc. ut. vi. Doctor 3.XI.1707"*

Heirat:
∞ I. Ehe am 21.05.1708 mit Johanna Susanna Roth, * 03.10.1685 in Leipzig, † 18.02.1717, begr. 21.02.1717 in der Paulinerkirche Leipzig, Tochter des Accis-Rent-

mannes Johann Joachim Roth in Leipzig und der Johanna Charitas geb. Birnbaum aus Leipzig. Sie war die jüngste Tochter von Abraham Birnbaum, „unterschiedlicher Kurfürsten zu Sachsen Rat- und Leibmedici"; die Ehe mit Johann Friedrich Höckner war kinderlos

oo II. Ehe am 25.10.1725 in Leipzig mit Magdalena Sybilla geb. Baudis, * 14.05.1695 in Leipzig, † 10.08.1727, begr. 13.08.1727 in Leipzig, Tochter des Leipziger Stadtrichters Dr. Leonhard Baudis, gleichzeitig Schulvorsteher zu St. Thomas und der Magdalena, geb. Bose, Witwe von Prof. Dr. med. Michael Ettmüller; auch diese Ehe war kinderlos

oo III. Ehe am 18.01.1729 in Leipzig mit Jacobina Agnetha Bartolomäa Anm.: zu dieser 3. Hochzeit Johann Friedrich Höckners ist eine Kantate von J. S. Bach uraufgeführt worden (Der Herr ist freundlich dem, der auf ihn harret - BWV Anh. I 211).

Tod: † 1645 in Leipzig

Quellen:
Codex Diplomaticus Saxoniae Regiae, II. Hauptteil, Bd. 18.
Leichenpredigt Johanna Susanna Höckner, geb. Roth, Verfasser: Mag. Gottfried Polycarp Müller, Prof. in Leipzig, gedruckt in Leipzig bei Immanuel Tietze, Ratsschulbibliothek Zwickau.

denn beim Ableben der ersten Ehefrau Susanna Höckner, geb. Roth zeigt sich, wie herzlich alle miteinander vertraut waren. Aus der Verwandt- und Bekanntschaft kondolierten mit ausführlichen, meist gedichteten Zeilen Dr. Friedrich Ernst Kettner aus Quedlinburg, Mag. Friedrich Benedikt Kettner, Prof. Gottfried Polycarp Müller, der auch die Leichenpredigt hielt, sowie aus Stollberg Stadtrichter David Höckner, Steuereinnehmer Johann Ernst Höckner und Stadtschreiber David Dietze. Am beeindruckendsten sind die Worte von Vater Johann Friedrich Höckner, der seine Schwiegertochter *„geliebtes Susgen"* nennt.[47]

Johanna Susanna Höcknerin gebohrne Rothin

Susanne Höckner, geb. Roth
(1685-1717)

---

46 Wetzel, St. Jakobi Stollberg, S. 59f.
47 Leichenpredigt für Johanne Susanne Höckner, geb. Roth, begr. 21.02.1717; verfasst von Mag. Gottfried Polycarp Müller, Ratsschulbibliothek Zwickau, Sign. 50.1.1.(12).

Prof. Johann Friedrich Höckner muss auch den gleichaltrigen Thomaskantor Johann Sebastian Bach (1685-1750) gut gekannt haben, denn dieser schrieb 1729 extra zu Höckners dritter Hochzeit die Kantate „Der Herr ist freundlich dem, der auf ihn harret" (BWV Anh. I 211). Die Kirchgemeinde St. Jakobi hat einen Originaldruck mit dem Bildnis der ersten Ehefrau Johanna Susanna Höckner, geb. Roth, erworben und diesem Buch beigegeben. Johanne Susanne Höckner war übrigens die Enkeltochter von Abraham Birnbaum, der mehreren sächsischen Kurfürsten als Berater und Leibarzt diente. Nach den bisherigen Recherchen blieben alle drei Ehen des Rechtsgelehrten Höckner kinderlos. → *Lebensdaten Prof. Johann Friedrich Höckner (1685-1745)*

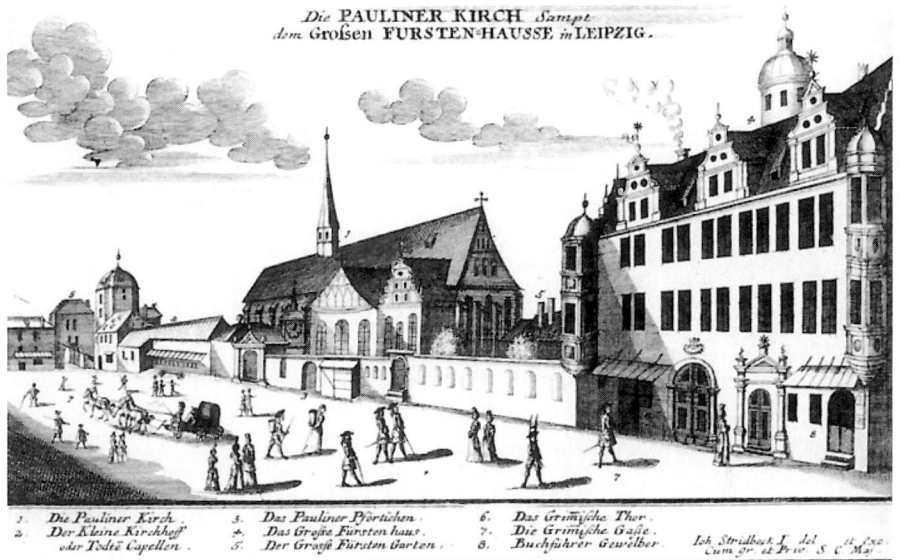

Leipzig, Paulinerkirche um 1700
Zu dieser Gemeinde gehörte Johann Friedrich Höckner (1685-1745), für seine I. Ehefrau Susanne Höckner, geb. Roth (1685-1717) ist die Bestattung in der Pauliner Kirche belegt

Erst Generationen später lebten und wirkten wieder Vertreter der Stollberger Höckner-Familie in Leipzig, der größten sächsischen Stadt. Etliche andere Stollberger aus der um 1670/80 geborenen Generation hielten sich kürzer oder länger in Leipzig auf. Das waren die Theologen Friedrich Ernst Kettner, Friedrich Gottlieb Kettner, Friedrich Benedikt Kettner und Gottfried Müller (Sohn), die auf ihrem Fachgebiet landesweit Bedeutung erlangten. Die Aufmerksamkeit gilt zunächst den drei Kettnerbrüdern, die mit Vater und Großvater zusammen eine Stollberger Pfarrerdynastie begründeten.

Etwas ausführlicher soll der Lebensweg des 1671 geborenen Friedrich Ernst Kettner beleuchtet werden, aus dessen Lebensdaten auch kurz die Vita seiner Brüder hervorgeht. Alle drei lernten nach dem frühen Tod des Vaters in Annaberg und studierten anschließend in Leipzig. Friedrich Ernst Kettner erwarb bereits mit 18 Jahren den philosophischen Magistertitel. Sein beruflicher Weg führte ihn ins Thüringische und zuletzt in den Harz. Sein umfangreiches Werk enthält verschiedene Predigtbände, Untersuchungen zum Neuen Testament (Trinitätsvorstellung), kirchenrechtliche sowie damals aktuelle theologischen Fragen, aber auch Beiträge zur Quedlinburger Lokalgeschichte. Letzteres stellt ihn in eine lange Reihe von Pastoren, die sich oft intensiv mit der Heimatgeschichte ihres Wirkungsortes befassten und dazu publizierten. Ein Vertreter dieser Gattung aus der Höckner-Familie wird noch näher behandelt.

Lebensdaten von Mag. Friedrich Ernst Kettner (1671-1722)

1695-1696 Lehrer am Hof des Herzogs zu Sachsen-Weißenfels
1697 Superintendent in Eckartsberg, ab 1697 Vorlesungen an der Universität Jena
1701 Ober-Hof-Prediger in Quedlinburg,
1708 Kirchen- und Konsistorialrat in Quedlinburg
1709 Doktortitel in Jena

Geburt/Eltern: * /~21.01. 1671 in Stollberg, Vater: Friedrich Kettner, Pfarrsubstitut in Stollberg, Diakon an der Thomaskirche Leipzig (1645-1680), Mutter: Maria Magdalena geb. Höckner (1647-nach 1680)

Geschwister:
1. Friedrich Hermann Kettner, * / ~ 30.04.1669 in Stollberg
2. Friedrich Gottlieb Kettner, * / ~ 04.10.1672 in Stollberg, Mag. und Pastor, † 29.01.1739 in Magdeburg
3. Maria Rosina Kettner, * / ~ 07.08.1674 in Stollberg
4. Catharina Magdalena Kettner, * in Leipzig
5. Friedrich Benedikt Kettner, * 1678 in Leipzig, 1697 Universität Leipzig, 1706 Magister, 1708 Baccalaureus, 1708 Substitut im Lazarett Leipzig, 1709 Pfarrer an St. Jakobi in Leipzig, 1714 an St. Johannis, † 1749 als Pfarrer an St. Johannis in Leipzig
6. Johanna Sophia Kettner, * in Leipzig

Ausbildung: Schule in Annaberg mit seinen Geschwistern (früher Tod des Vaters!), ab 1687 Studium an der Universität Leipzig, bereits 1688 Baccalaureus, 1689 Magister der Philosophie, 1694 Theologisches Examen in Dresden
Heirat:
oo I. Ehe am 20.06.1699 in Eckartsberga mit Rosina Elisabeth von Brocke, Toch-

ter des Altenburger Generalsuperintendenten Dr. Heinrich Mathei von Brocke, †
18.01.1717 in Quedlinburg

oo II. Ehe am 02.09.1717 in Magdeburg mit Sophia Maria Hans

Kinder: beide Ehen kinderlos

Bemerkungen: Friedrich Ernst Kettner ist Verfasser eines umfangreichen theologischen und kirchenhistorischen Schrifttums

Tod: † 21.07. 1722 in Quedlinburg

*Quellen: Leichenpredigt für Friedrich Ernst Kettner, Herzog-August-Bibliothek
Wolfenbüttel, Sign. 14472.*

Jedenfalls sind von Stollberger Stadtkindern wesentliche Impulse ausgegan-
gen, die traditionell das sächsische Luthertum verkörperten, dabei aber auch
offen und kritisch die theologischen Forschungen und Diskussionen in der
Frühzeit der Aufklärung befruchtet haben. → *Lebensdaten von Mag. Friedrich Ernst Kettner (1671-1722)*

Zu diesen Stollbergern mit „Außen-
wirkung" zählen neben den Pastoren
aus der Kettner-Familie auch die der
Müller-Familie, wobei beide wiederum mit der Kaufmannsfamilie Höckner vielfältig verwandtschaftlich verbunden waren. Während bei den Kettners der Vorname Friedrich fast immer
auftritt, ist es bei den Müllers der Vorname Gottfried. Über Gottfried Müller
(Vater) wurde bereits berichtet. Seine
Tochter Johanna Magdalena blieb der
Heimatstadt treu und gründete mit dem
Stadtschreiber und -advokaten David
Dietze eine Familie. Die beiden Söhne Gottfried Ernst und Gottfried, der
sich später zusätzlich Polycarp nannte,
wurden Theologen. Der erstgenannte
Gottfried Ernst Müller wirkte an vie-

Mag. Friedrich Ernst Kettner
(1671-1722)

len Orten, vor allem in Thüringen. Sie sind unter den Lebensdaten seines
Vaters Gottfried Müller (1640-1704) angegeben. Das Hauptaugenmerk soll
dem Bruder Gottfried Polycarp Müller gelten, der in Fremdsprachen und

Rhetorik ausgesprochen begabt war. Dieser 1684 geborene Gottfried Müller lag altersmäßig zwischen den Höckner-Brüdern Johann Ernst und Johann Friedrich, denen dieses Kapitel gewidmet ist. Man kann vermuten, dass alle sich gut kannten und in dem überschaubaren Stollberg, zumal bei den verwandten Familien, in vielen Dingen eine gemeinsame Jugendzeit erlebten. Da fehlten wohl auch die üblichen Jungenstreiche nicht, weil sie noch nicht

Lebensdaten von Prof. Gottfried Müller (1684-1747)
1708-1722 Universitätslehrer in Leipzig, ab 1714 Mag. legens, ab 1716 Prof. der Eloquenz und Poesie
1723-1738 Direktor des Gymnasiums Zittau
1738-1739 Mitarbeiter Zinzendorfs in Herrnhut
1740 Bischof der Mährischen Kirche in Marienborn, auch Leiter des Pädagogischen und theologischen Seminars, ab 1744 in Wetterau
1744 Mährischer Bischof von Schlesien

Geburt/Eltern: * 14.06.1684 in Stollberg,Vater: Gottfried Müller, Pfarrer in Stollberg (1641-1704), Mutter: Anna Dorothea, geb. Höckner aus Stollberg (1654-1730)

Geschwister:
  1. Gottfried Ernst Müller, *1678, †1747, Superintendent in Dornburg/Saale
  → *Lebensdaten beim Vater*
  2. Juliana Theodora Müller, † 23.03.1683 in Stollberg, 2 Jahre und 38 Wochen alt

Ausbildung: Privatunterricht beim Vater, Schulpforta?, 1701-1704 Universität Leipzig, Magister, 1705-1706 Fortsetzung Studium in Altdorf bei Nürnberg, 1706-1708 Studienreisen nach Holland und England

Heirat: oo am 02.09.1724 in Zittau mit Johanna Susanna Stolle, */~ 1707 in Zittau, Tochter des Zittauer Bürgermeisters Karl Phillip Stolle (1668-1741) und dessen Frau Sophia Elisabeth, geb. von Stryk, †/begr. 1756 in Zittau

Kinder: keine

Bemerkungen: Gottfried Müller (Sohn) war ein vielsprachiger und begabter Rhetoriker, Verfasser der Leichenpredigt von Susanne Höckner in Leipzig, seit 1729 Korrespondenz mit Zinzendorf in Herrnhut

Tod: †17.06.1747 in Urschkau bei Glogau (Schlesien)
II. Ehe der Witwe Joh. Susanna Müller, geb. Stolle: oo mit Arzt Nikolaus Immanuel Grot

Quellen:
Reinhard Breymayer, „ Müller, Gottfried Polycarp", in: Neue Deutsche Biographie 18 (1997), S. 469-470.

wissen konnten, dass sie später einmal honorige Herren als Bürgermeister in Stollberg, Rechtgelehrter in Leipzig oder Bischof in Mähren sein würden. Jedenfalls hatte der Pastorensohn Gottfried Müller zusätzlich Privatunterricht bei seinem Vater. Dies zahlte sich aus, denn er war schon mit 20 Jahren Magister, leistete sich noch weitere Studien im fränkischen Altdorf sowie ausgedehnte Reisen nach Holland und England, bis er Lehrkraft an der Universität Leipzig wurde. Er lehrte und studierte weiter, gleichzeitig verfasste er Artikel und veröffentlichte Bücher. Sein zwischen 1711 und 1720 erschienenes Hauptwerk *„Academische Klugheit In Erkenntnis und Erlernung Nützlicher Wissenschafften"* (2 Teile, 1711-1720) betont die Eigenständigkeit der Philosophie als Erkenntnis der Natur neben der Theologie als Erkenntnis der göttlichen Offenbarung.[48]

1723 folgte Gottfried Müller dem Ruf nach Zittau, wo er als Direktor des Gymnasiums eine wohldotierte Stelle erhielt, die ihm erlaubte, ans Heiraten zu denken. Nach einem Jahr in Zittau nahm er dort die 17jährige Tochter des angesehenen Bürgermeisters zur Frau. Kurz vorher (1722) hatte ganz in der Nähe Graf Nikolaus Ludwig von Zinzendorf für die böhmischen Glaubensflüchtlinge die Ortschaft Herrnhut gegründet. Gottfried Müller besuchte die Brüder ab 1727 und korrespondierte mit Zinzendorf ab 1729 zu theologischen Fragen. Daraus entstand eine enge Verbindung mit gemeinsamen Glaubensauffassungen, was von den orthodoxen Lutheranern in Zittau kritisch beurteilt wurde. Deshalb gab Gottfried Müller sein Amt auf und zog nach Herrnhut, wo er bald verantwortliche Aufgaben fand. 1740 wurde ihm aufgrund seiner pädagogischen Fähigkeiten der Aufbau und die Leitung einer theologischen Ausbildungsstätte in Marienborn in der Wetterau (im schlesisch-böhmischen Grenzgebiet gelegen) übertragen, die später nach Urschkau bei Glogau umsiedelte. Bereits seit 1740 als einer der Bischöfe der Mährischen Kirche agierend und zur Leitung der Brüdergemeinde gehörend, ernannte Graf Zinzendorf 1744 Gottfried Müller zum mährischen Bischof für ganz Schlesien. Diese hohe Würdigung deuten viele Historiker aber auch als „Wegloben" einer überaus starken Persönlichkeit aus der unmittelbaren Herrnhuter Umgebung des Grafen. Jedenfalls hatte sich Zinzendorf beispielsweise darüber geärgert, dass während seiner längeren Missionsreisen Gottfried Müller wohl ziemlich eigenmächtig die Gründung selbständiger Brüdergemeinden in lutherischen Landen forcierte. Doch ist es kaum bekannt, dass die Gründung einer Brüdergemeinde in Neudietendorf im Her-

---

48 Reinhard Breymayer, „Müller, Gottfried Polycarp", in: Neue Deutsche Biographie 18 (1997), S. 469-470.

zogtum Sachsen-Gotha auf den in Stollberg geborenen Gottfried Müller zurückgeht, dessen Leben sich 1747 in Schlesien vollendet hat.
→ *Lebensdaten von Gottfried Müller (1684-1747)*
Zu dieser Zeit, um die Mitte des 18. Jahrhunderts, hatte – wie schon beschrieben – die Höckner-Familie in Stollberg wieder einmal einen Höhepunkt ihrer geschäftlichen Entwicklung erreicht und es galt, einen neuerlichen Generationswechsel zu vollziehen.

8. Gerichtsherr im Altenburgischen und Handelsmann in Stollberg
Die Brüder Friedrich Ernst Höckner und Johann Gottlob Höckner

Die nächste Höckner-Generation prägten wiederum ein Jurist und ein Händler, diesmal als Gerichtsherr, besser als Rittergutsbesitzer mit niederer Gerichtsbarkeit, und als Kaufmann in der väterlichen Tradition. Die wirtschaftliche Basis der Höcknerschen Unternehmen hatte sich in Stollberg unter Johann Ernst Höckner (1783-1754) deutlich verbessert. Daneben besaß die Familie mit der Aufgabe des Steuereinnehmers ein weiteres wirtschaftliches Standbein und mit der Ratsherren- bzw. Bürgermeisterfunktion entsprechenden Einfluss, natürlich auch Verantwortung. Dies bot, zumindest bei einem der männlichen Nachkommen, eine recht gute Chance für den beruflichen und politischen Weg. Wenn ein zweiter Bruder ähnlich erfolg- und einflussreich wirken wollte, war es in Anbetracht des ziemlich kleinen Städtchens Stollberg angeraten, das Glück in der Fremde zu suchen. Es gab und gibt aber zu allen Zeiten auch Charaktere, die genau das letztere wollten. Wie dem auch sei, zunächst arbeiteten beide Söhne von Johann Ernst Höckner nach ihrer Ausbildung in den väterlichen Unternehmungen. 1751 entschied sich der älteste Sohn Friedrich Ernst Höckner (1717-1805) für den Weg in die Fremde, indem er das Rittergut Oberzetzscha nördlich von Altenburg erwarb. Dieses schon 1206 erstmals erwähnte Anwesen hatte häufig wechselnde Besitzer, seit 1740 die Brüder Friedrich Heinrich und August Hildebrand von Einsiedel, denen es ihr Vater Friedrich Heinrich von Einsiedel auf Lumpzig hinterlassen hatte.[49] Abgesehen von der Ausübung der niederen Gerichtsbarkeit im Rittergutsbezirk bedeutete dies für Friedrich Ernst Höckner, vom Kleinstadtkaufmann zum Großraumlandwirt zu werden. Friedrich

---

49 Gustav Wolf/Christiane Nienhold, Geschichte der Rittergüter im Altenburger Land, in: Katalog zur Ausstellung im Museum Schloss Posterstein 2007.

Ernst Höckner hat das wohl recht gut geschafft. Nach drei Jahren im Altenburger Land holte er sich aus der alten Heimat 1754 mit Charlotte Dorothea Liebe, der Tochter des Stollberger Amtmanns, eine standesgemäße Ehefrau.
→ *Lebensdaten Friedrich Ernst Höckner (1717-1805)*
Etliche der Kinder aus dieser Ehe fühlten sich zur Forstwirtschaft hingezogen. Eine Tochter heiratete den Altenburger Forstkommissar. Zwei Söhne studierten Forstwirtschaft. Der ältere Carl Friedrich Gottlob Höckner (1759-1824) begann seine Laufbahn als Fürstlich-Reuß-Lobensteiner Forstsekretär und übernahm später das väterliche Rittergut.

Lebensdaten Friedrich Ernst Höckner (1717-1805)

...1751 Handelsmann in Stollberg
1751-1805 Erblehn- und Gerichtsherr in Oberzetzscha
Geburt/Eltern: * 22.11.1717, ~ 25.11.1717 in Stollberg, Vater: Johann Ernst Höckner (1682-1754), Handelsmann, Steuereinnehmer, Bürgermeister in Stollberg, Mutter: Johanna Maria Ebhardt aus Hohenstein
Heirat: oo am 20.08.1754 in Stollberg als Erblehngerichtsherr von Oberzetzscha mit Charlotte Dorothea Liebe, * 22.12.1731 in Stollberg, Tochter des kurfürstlich-sächsischen Amtmannes Gottfried Daniel Liebe; die Trauung fand auf Schloss Stollberg statt, † 20.07.1809 in Wilchwitz
Kinder:
  1. Johann Friedrich Daniel Höckner, * 04.10.1755, † 07.04.1805 in Oberzetzscha
  2. Johanna Carolina Höckner, * 10.09.1757, oo 1778 mit Johann Friedrich Taeg, † 15.04.1800 in Altenburg
  3. Carl Friedrich Gottlob Höckner, * 04.07.1759, Fürstlich-Reuß-Lobensteiner Forstsekretär, 1782 Rittergutsbesitzer von Oberzetzscha, oo I. Ehe 19.07.1797 in Stadtroda mit Franziska Charlotta von Normann, bald wieder geschieden, oo II. Ehe 19.07.1798 in Untermolbitz mit Christiane Susanne Claußer aus Freyburg, † 27.10.1824 in Tannewitz → *Lebensdaten*
  4. Charlotte Eleonore Höckner, *18.10.1760 in Oberzetzscha, oo in Oberzetzscha mit Christian Friedrich Neubauer, Amtmann in Ronneburg, † 1812 in Ronneburg
  5. Amatus Theodor Höckner, * 11.04.1763 in Oberzetzscha, herzoglich-sächsischer Oberförster in Zschernichen bei Altenburg, † 16.04.1826 in Altenburg → *Lebensdaten*
  6. Christiane Henriette Höckner, * 01.01.1767, †1767
  7. Johanna Augusta Höckner, * 14.07.1772 in Oberzetzscha, oo am 16.10.1692 in Oberzetzscha mit Heinrich Wilhelm Schultes

Bemerkungen: Lebensmittelpunkt war das Erblehngut in Oberzetzscha mit dem Herrenhaus

Tod: † 14.12.1805 in Oberzetzscha

Quellen:
Gustav Wolf/Christiane Nienhold, Geschichte der Rittergüter im Altenburger Land, in: Katalog zur Ausstellung im Museum Schloss Posterstein 2007.
Elfriede Külbel, Ortschronik Oberzetzscha, Ev.-Luth. Kirchgemeinde Altenburg-Zschernitz 2000.

Der weitere Weg der Höckner-Familie auf Oberzetzscha wird im Beitrag „Nachkommen der Stollberger Höcknerfamilie" unter dem Punkt „Die Altenburger Linie" behandelt.

Die Aufmerksamkeit gilt jetzt den letzten in Stollberg ansässigen Vertretern der Höckner-Linie, nämlich Johann Gottlob Höckner und seinen Kindern. Für Gottlob Höckner ergibt sich der mehr oder weniger vorgezeichnete Weg dessen, der ein elterliches Geschäft übernimmt. Nach der Ausbildung beim Vater und in der Fremde folgt die Mitarbeit und schrittweise Übernahme der Verantwortung, meist mit dem Ableben des Vaters und bisherigen Inhabers. Dies galt auch für Johann Gottlob Höckner, der nach dem Tod des Vaters mit der Steuereinnahme betraut und am 23. September 1754 ins Stollberger Ratskollegium aufgenommen wurde. In dieser Funktion streckte er der Stadt 300 Taler vor zur Sicherung der Zahlungsfähigkeit, wie es hieß *„aus Lieb vor die Commun, um immer bares Geld zu haben."*[50] In den Jahren 1771, 1776 und 1777 wird er als regierender Bürgermeister bezeichnet.

Lebensdaten von Johann Gottlob Höckner (1722-1777)

Kauf- und Handelsherr in Stollberg
1754-1777 kurfürstlich-sächsischer Land-, Trank-Steuer- und Import-Einnehmer, Ratsherr, angesehener Groshier in Stollberg
1770 Beisitzender des Stollberger Rates
1771-1777 Bürgermeister

Geburt/Eltern: * 24.09.1722, ~ 01.10.1722 in Stollberg, Vater: Johann Ernst Höckner (1682-1754), Mutter: Johanna Maria, geb. Ebhardt, aus Hohenstein (1689-1766), Paten: 1. David Dietze, gewesener vornehmer Rechtsgelehrter, Generalaccisinspector zu Thum, Amtssteuereinnehmer und Stadtschreiber zu Stollberg, 2. Johanne Regina, Herrn Johann Jacob Ebhardts, vornehmen Kauf- und Handelsmannes, auch Stadtrichters zu Hohenstein Eheliebste, 3. Michael Rudolph Lehmann, Vornehmer des Raths und Apotheker zu Stollberg

Ausbildung: nach der Schule im väterlichen Geschäft bzw. Unternehmen, 1740-1741 in einem Handelshaus in Dresden, wegen Krankheit zurück nach Stollberg

Heirat: oo am 28.01.1755 in Stollberg mit Wilhelmine Charlotte Liebe, * 09.01.1733 in Stollberg, Tochter des kurfürstlich-sächsischen Amtmannes Gottfried Daniel Liebe

Kinder (Zwillingskinder):
1. Johanne Charlotte Höckner, * 04.03.1763, ~ 08.03.1763 in Stollberg, oo mit Wilhelm Ludwig Schade auf Bertheldorf, † am 25.02.1791 in Berthelsdorf
2. Johann Friedrich Höckner, * 04.03.1763, ~ 08.03.1763 in Stollberg, Gutsbesitzer in Nedaschütz bei Bautzen → *Lebensdaten*

Tod: begr. 23.04.1777 in Stollberg

II. Ehe der Witwe: oo am 18.01.1785 in Dresden? mit Dr. Christian Friedrich Conrad, † 10.11.1790 in Dresden

Quellen:
Leichenpredigt zum Tod von Johann Gottlob Höckner, 1777 verfasst von Mag. Schwarz.

Demnach hat er auch in den schlimmen Hungerjahren 1771/72 Verantwortung für die Stadt getragen. Er war übrigens von Kindheit an gesundheitlich angeschlagen und wurde frühzeitig durch die Gicht in seiner Handlungsfähigkeit behindert.[51]

Johann Gottlob Höckner heiratete wie sein älterer Bruder eine Tochter des Stollberger Amtmanns Liebe. Aus der Ehe ging ein 1763 geborenes Zwillingspärchen hervor, Johanne Charlotte und Johann Friedrich Höckner, von denen noch zu hören sein wird. Von Johann Gottlob Höckner, damals Stollberger Bürgermeister, gibt es einen im Turmknauf der Jakobikirche überlieferten Bericht aus dem Jahr 1776 über die notvolle Zeit nach dem Siebenjährigen Krieg (1756-1763), datiert am 8. Juli 1776:[52]

„Der Krieg hat das gantze Land, so auch unsere Stadt äußerst mitgenommen, dergestallt, daß bis dato noch die Schulden Lasten die vorzüglich arme Stadt drücken. In diesem Krieg sind die Münzen so schlecht ausgemünzet, daß ein während dem Kriege ausgemünztes Fünf Thaler Stück auf Ein Thaler 6 Groschen-, und Ein Thaler Silbermünze auf 9 Groschen nach dem neuen sächsischen Münzfuß reduciret worden. Auf diesen Krieg folgte Mense (im Monat) Julio und Augusto 1770 entsetzliche Wasserfluth, wodurch Brücken

---

50 Schmidt, Erzgebirgsstadt Stollberg, XIV. Teil, S. 164.
51 Leichenpredigt zum Tod von Johann Gottlob Höckner, 1777 verfasst von Mag. Schwarz, gedruckte Abschrift in der Stadtbibliothek Stollberg.
52 Abschrift im Pfarrarchiv St. Jakobi Stollberg.

und Steige weg, Gärten und Wiesen abgerissen, Felder und Wiesen über-
schwemmt, und zugleich der darauf erfolgenden Teuerung der Grund geleget
wurde. Die 1771 und 1772 gewütete Theuerung war so groß, daß viele Men-
schen an einem von nagendsten Hunger entstandenen faulen Fieber erkran-
keten und von Hunger abgemattet und entkräftet sturben, und mehrere Men-
schen weggerafft wurden, als zu Pestzeiten, davor uns der treue Gott so wohl
als vor Theurung nach seiner unendlichen Barmherzigkeit gnädig bewahre!
... So nahrhaft sonst der hiesige Ort wegen der Tuch- und Leinenfabrique,
da jene über 200, diese gegen 50 Meister betragen, gewesen, so schlecht ist
gegenwärtig die Nahrung und macht vor jetzt diese 70, jene 50 Meister mit
dem seit der Theuerung erfolgten Anwachs aus, davon die wenigsten die
gewünschte Nahrung haben...".

Der Stadtschreiber fügt dem Bericht des Bürgermeisters hinzu, dass dessen 13jährige Zwillingskinder Charlotte und Friedrich sechs rheinische Taler aus ihren Schatullen zur Ausbesserung des Türmchens der Kirche mitgegeben und auch ein eigenhändiges Blatt in den Knopf mit eingelegt haben, das schließt:

„Heiligster, den wir erheben,
schütze Stadt, gieb Nahrung, Leben!
Laß dein himmliches gedeyhn,
Bis die welten untergehn
Über unserm Stollberg sein."

In jugendlich unbekümmerter Treuherzigkeit sprechen Charlotte und Friedrich Höckner für ihre Heimatstadt Stollberg, nicht wissend oder ahnend, dass die beiden Zwillinge auf lange Zeit die letzten Höckner in Stollberg sein werden. Die Schwester heiratete nach Bertheldorf.[53] Der Bruder begründete eine neue Familie und Existenz in der Lausitz.[54] Von beiden Zwillingen ist kein Heiratseintrag/Aufgebot in den Stollberger Kirchenbüchern festgehalten, was darauf deutet, dass sie sich – vermutlich gemeinsam mit ihrer Mutter – schon einige Zeit vor ihrer jeweiligen Heirat von der Heimatstadt und der Verwandtschaft entfernt haben. Vielleicht lebten sie in Krumhermersdorf bei Zschopau, dessen ehemaliges Rittergut mit den überkommenen Gebäuden und dem Grundbesitz 1780 Johann Friedrich Höckner sicherlich auch auf Initiative seiner Mutter erworben hatte.[55] Die verwitwete Mutter Wilhelmine

---

53 Da etwa zehn Orte in Sachsen den Namen Berthelsdorf tragen, war noch keine klare Zuordnung möglich, ohne Ergebnis recherchiert wurde bislang zu Bertheldorf bei Herrnhut, bei Neustadt/Sa., bei Freiberg und bei Lunzenau.
54 Siehe den Beitrag: „Die Nachkommen der Stollberger Höckner-Familie" in diesem Buch.

Charlotte Höckner, geb. Liebe, heiratete in zweiter Ehe 1785 in Dresden den Arzt Dr. Christian Friedrich Conrad. Johann Friedrich Höckner war ab 1785 auf seinem neu erworbenen Stammgut in Nedaschütz bei Bautzen ansässig. Der letzte in den Akten überlieferte Vorgang betrifft den Verkauf der Höcknerschen Kapelle in der St. Jakobikirche zu Stollberg. Laut Kirchstuhlregister war diese Kapelle 1783 von den Erben Johann Gottlob Höckners (†1777)[56] an Johann Friedrich Höckner übertragen worden.[57] Johann Friedrich verschreibt die Höcknerkapelle 1785 weiter an den jungen *„Weiß- und Sehmischgerber Gotthilf Benjamin Hertel, der auch das Höcknersche Haus gekauft"* hat.[58]

Damit endet die über sieben Generationen mit Stollberg verwobene Geschichte der Familie Höckner, zumindest was diese Stadt betrifft. Geblieben sind sichtbar ein berühmtes Epitaph in der Jakobikirche und diese oder jene Gedenktafel und Akte. Verloren gegangen sind nahezu alle baulichen Zeugnisse, an und in denen die Höckners für ihr Geschäft, ihre Familie und ihre Stadt gewirkt haben. Geblieben ist die Stadt Stollberg als ein intaktes Gemeinwesen, an dessen Geschichte auch die Höckner-Familie ihren Anteil hat, was mit diesem Beitrag als nachahmenswertes Beispiel gewürdigt werden sollte.

---

55 Nach Auskunft von Herrn Kurt Hähnel aus Krumhermersdorf besaß zumindest ein Johann Friedrich Höckner das Rittergut.
56 Die Erben Johann Gottlob Höckners waren seine Ehefrau Wilhelmine Charlotte Liebe und die Zwillinge Johann Friedrich und Charlotte Dorothea Höckner.
57 „Kaufbuch über Kirchenkapellen 1823", Akte A 80 im Pfarrarchiv St. Jacobi Stollberg.
58 Ebenda.

Gunter Lasch

Die Nachkommen der Stollberger Höcknerfamilie
Ihr Werdegang und die Orte ihres Wirkens

1. Johann Friedrich Höckner
Der letzte Stollberger seiner Sippe geht in die Lausitz

Nachdem die Familie Höckner über mehr als 200 Jahre das Leben in der Stadt Stollberg mitgestaltet und geprägt hatte, verließ Johann Friedrich Höckner (1763-1832) als Letzter seiner Sippe die Vaterstadt, die einst vielen Höcknerschen Generationen Heimat geboten hatte. Er wechselte dabei nicht nur den Wohnort, sondern auch die Profession, nämlich vom Großkaufmann zum Landwirt auf großen Gütern.

Ansicht von Stollberg aus Osten vom damaligen Zschopauer Weg
(heute etwa Johannisstraße) – rechts vorn das Höcknersche Vorwerk

Es ist auch gut denkbar, dass die Geschäfte in der Stollberger Handlung nicht profitabel genug verliefen und bei dem jungen Höckner-Sprössling schon länger der Wunsch nach einem Neubeginn bestand. Er verkaufte das väterliche Unternehmen und wandte sich der Landwirtschaft zu, wie dies einer seiner Vorfahren vorgemacht hatte, der in die Altenburger Gegend gezogen war.[1]

108

Jedenfalls erwarb der 17jährige Johann Friedrich Höckner 1780 das Rittergut Krumhermersdorf bei Zschopau, wobei sicherlich seine Mutter Wilhelmine Charlotte verw. Höckner, geb. Liebe maßgeblich mitgewirkt hat. Dieses Gut im oberen Teil von Krumhermersdorf war von dem lange dort residierenden vogtländischen Adelsgeschlecht derer von Metzsch zum Verkauf angeboten worden. Der Gutsbesitzer übte das Patronat über die Krumhermsdorfer Kirche aus. Das Rittergut hatte zwar beachtliche Acker- und Wiesenflächen, jedoch nur eine große Scheune, nachdem das Herrenhaus schon 1740 abgebrannt war. Die Besitzer bzw. Pächter wohnten in einem Bauerngut des Oberdorfes.[2] Der Krumhermersdorfer Höckner-Besitz ging 1803 durch Kauf an den Stollberger Advokaten Karl Heinrich Amadeus Liebe (1763-1814), einen gleichaltrigen Cousin Johann Friedrich Höckners. Ob Letzterer zeitweilig in Krumhermersdorf lebte, kann nicht belegt werden. Es ist eher anzunehmen, dass er mit seiner Mutter und Schwester in Stollberg blieb, bis beide durch Heirat nach Dresden bzw. Berthelsdorf zogen. 1785 verkaufte er dann, wie schon erwähnt, die Höckner-Kapelle in St. Jakobi an den Kaufmann Hertel, der schon vorher Wohnhaus und Handlung erworben hatte.

Rittergut Weißbach um 1850 (siehe S. 117)

Johann Friedrich Höckner erwarb 1785 zusätzlich das Schloss Nedaschütz mitsamt dem Rittergut von Carl Friedrich Freiherr von Rochow. Ebenso kaufte er das zugehörige Gut Klein-Praga. Nedaschütz und Klein-Praga sind heute Ortsteile von Göda, das 10 km westlich von Bautzen liegt.

---

1   Friedrich Ernst Höckner (1717- 1805), Erblehngerichtsherr in Oberzetscha/Altenburg.
2   Neue Sächsische Kirchengalerie, Leipzig 1904, darin Pfarrer Martin Seidel: Die Parochie Krumhermersdorf, ergänzt durch Auskünfte von Herrn Kurt Hähnel aus Krumhermersdorf.

Lebensdaten Johann Friedrich Höckner (1763-1832)

1763-1785 Einwohner, zuletzt Kaufmann in Stollberg
1785-1832 Gutsbesitzer und Schlossherr in Nedaschütz bei Bautzen

Geburt/Eltern: * 04.03.1763, ~ 08.03.1763 in Stollberg (Zwillingskind),
Vater: Johann Gottlob Höckner (1722-1777), Rats- und Handelsherr, Steuereinnehmer in Stollberg, Bürgermeister, Mutter: Wilhelmine Charlotte Liebe (1733-1790), Tochter des kurfürstlich-sächsischen Amtmannes Gottfried Daniel Liebe

Heirat: oo am 25.04.1786 in Prietzschwitz bei Bautzen mit Johanne Eleonore König, Tochter des Rittergutsbesitzers von Prietzschwitz, * 18.04.1768 in Prietzschwitz, † 11.01.1853 in Bautzen

Kinder:
1. Friedrich August Höckner, * 07.05.1787 Nedaschütz, † 25.06.1793 in Nedaschütz
2. Carl Christian Höckner, * 30.12.1788 in Nedaschütz, † 03.04.1789 in Nedaschütz
3. Eleonore Juliane Höckner, * 09.10.1790 Nedaschütz, † 12.07.1793 in Nedaschütz
4. Gottlob Ernst Höckner, * 30.07.1792 in Nedaschütz, † 11.06.1845 in Bautzen, erlernte 1827 die Kaufmannschaft bei Julius Falck in Döbeln, conditionierte bei W. Th. Schwabe in Zittau und ließ sich 1831 als Kaufmann in Bautzen nieder, oo am 08.05.1831 in Bautzen mit Auguste Emilie Dreßler (* 28.11.1805 in Bautzen, † 11.06.1845 in Bautzen), Kind aus dieser Ehe: Ottilie Clara Constanze Höckner, * 23.04.1832 Bautzen, † 17.04.1918 in Bautzen
5. Johann Adolph Höckner, * 06.09.1793 in Nedaschütz, † 25.03.1865 in Langenrinne bei Freiberg → *siehe Lebensdaten*
6. Luise Amalia Höckner, * 12.09.1796 in Nedaschütz, † 25.02.1799 in Nedaschütz
7. Wilhelmine Ernestine Höckner, * 25.01.1798 in Nedaschütz, † vermutl. in Kleinhartmannsdorf, oo mit Erblehnrichter Moser in Kleinhartmannsdorf bei Frauenstein
8. Caroline Auguste Höckner, * 19.12.1799 in Nedaschütz, oo mit Kaufmann Pfautz in Oberthomaswaldau bei Bunzlau, † vermutl. in Oberthomaswaldau (Schlesien)
9. Gustav Traugott Höckner, * 18.11.1800 in Nedaschütz, † 02.02.1834 in Nedaschütz
10. Emilie Constantia Höckner, * 11.02.1802 in Nedaschütz, † 12.10.1880 in Bautzen, oo in Göda bei Bautzen mit Gerichtsdirektor Carl August Ehrig (†1864), Sohn von Johann Gottlieb Ehrig, Oberamtsregierungs-Calculator in Bautzen; Carl August Ehrig hinterließ aus dieser Ehe 5 Söhne und 1 Tochter
11. Hermann Julius Höckner, * 08.07.1806 in Nedaschütz, † 06.03.1880 in Bautzen, Advokat in Bautzen, Ritter des königlich-sächsischen Albrechtordens, oo am 22.06.1834 in Bautzen mit Bertha Angelika Jancovius (* 11.05.1809 in Bautzen, † 10.12.1878 in Bautzen), Kind aus dieser Ehe: Fedor Julius Höckner, * 31.01.1835 in Bautzen, † 10.02.1899 in Dresden

Bemerkungen:
Johann Friedrich Höckner auf Nedaschütz besaß eine halbe Kuxe der Grube Doehlen, 1820 Mitglied des sächsischen Landtags

Tod: † 16.03. 1832 in Nedaschütz, begr. vermutl. in Göda bei Bautzen

Quellen:
Gegenbuch des Bergamtes Altenberg mit Berggießhübel und Glashütte.

Schloss Nedaschütz nach einem Stich um 1850

Beide Güter mit den wenigen zugehörigen Häusern waren schon damals nach Göda eingepfarrt, das eine über 1000jährige Tradition als sehr alter Kirchort besitzt.

Das Rittergut Nedaschütz besteht aus einem Komplex langgestreckter Wirtschaftsgebäude und daneben stehendem Schloss. Das Anfang des 18. Jahrhunderts gebaute zweigeschossige Schloss wirkt mit dem mächtigen Mansardwalmdach recht stattlich. Diesen Eindruck verstärken der dreigeschossige Mittelrisalit mit dem später auf vier Säulen vorgesetzten Altan, auf dessen Balustrade zwei schöne Putten stehen.[3] Die lange verbreitete Geschichte, August der Starke hätte Schloss Nedaschütz für die schöne Gräfin Christiane Charlotte von Flemming bauen lassen, ist nicht haltbar,[4] wohl aber geht der Bau auf die Gräfin zurück. Heute ist das als Hotel genutzte Schloss äußerlich ansehnlich restauriert, das Umfeld mit kleinem Park aber wirkt ungepflegt, die noch erhaltenen Wirtschaftsgebäude ruinös. Das Schloss liegt am Steilabhang des Schwarzwassers, zu dem hin eine mit Treppen versehene Parkanlage Großzügigkeit ausstrahlte. Heute führen leidlich hergerichtete Treppen durch halbhohen Laubwald in den Talgrund, wo direkt unterhalb

3   Georg Dehio, Handbuch der deutschen Kunstdenkmäler, Sachsen I, München/Berlin 1996.
4   Dr. Biehl, Schloß Nedaschütz in der Oberlausitz - ein angebliches Jagdschloß Augusts des Starken, in: Mitteilungen Sächsischer Heimatschutz 1933, S. 56-62 (mit Fotos der Inneneinrichtung).

des Gutes die großen Fischteiche angelegt sind. In dem nur leicht hügeligen Land gibt es ab und zu kurze steilere Abschnitte, wo sich der Fluss wie bei Nedaschütz im Engtal seinen Lauf gegraben hat. Insgesamt ist die Umgebung eine unspektakuläre, aber recht liebliche Landschaft, die vor allem in ihren fruchtbaren Böden den entscheidenden Vorteil besitzt. Johann Friedrich Höckner hat sicher von seinem Schwiegervater, dem Rittergutsbesitzer König aus Prietzschwitz, den entscheidenden Ratschlag erhalten, sich in dieser Gegend ein geeignetes Gut anzuschaffen.

Auf Schloss Nedaschütz wurden der Höckner-Familie elf Kinder geboren, von denen sechs das Erwachsenenalter erreichten (drei Söhne und drei Töchter). Der älteste Sohn Gottlob Ernst Höckner wurde Kaufmann in Bautzen. Sein Bruder Johann Adolph Höckner trat in die väterlichen Fußstapfen und widmete sich der Landwirtschaft auf großen Gütern. Sein Lebensweg und seine Nachkommen werden noch eingehend behandelt. Der jüngste Sohn Hermann Julius Höckner wirkte als angesehener Advokat in Bautzen. Die Schwestern machten, soweit es die Professionen der Ehemänner aussagen, allesamt „gute Partien" mit einem Erblehnrichter im osterzgebirgischen Kleinhartmannsdorf, einem Gerichtsdirektor in Göda und einem Kaufmann im schlesischen Oberthomaswaldau bei Bunzlau.

Diese erfreuliche familiäre Entwicklung bestätigte sicherlich dem aus Stollberg weggezogenen Johann Friedrich Höckner, im Jahr 1785 die richtige Entscheidung getroffen zu haben. Neben der Leitung des großen Landwirtschaftsbetriebs mit zwei Rittergütern und den Aufgaben als Schlossherr betätigte sich Johann Friedrich Höckner, ganz in der Tradition seiner Stollberger Vorfahren, auf vielen Gebieten. So investierte er im Bergbau, wo der Besitz einer halben Kuxe der Grube St. Petri in Döhlen bei Freital belegt ist.[5] Ab 1820 stellte er sich als Mitglied des Landtages für den Meißner Kreis der politischen Verantwortung, wo er mit zwei weiteren bürgerlichen Gutsbesitzern zur sog. Ritterkurie zählte.[6]

Johann Friedrich Höckner bildete seinen Sohn Johann Adolph zum Landwirt aus, der später auch sein Gut Nedaschütz weiterführen sollte und dem das nächste Kapitel gewidmet wird. Nach des Vaters Tod im Jahre 1832 verkauften die Höckner-Erben das Schloss Nedaschütz an Karl Moritz von Wolffersdorf.

Der Bericht wird mit den Söhnen, Enkeln und Urenkeln des Rittergutsbesitzers Johann Friedrich Höckner fortgesetzt, wobei zur besseren Orientierung unter der Titelzeile immer der Verwandtschaftsgrad zu ihm angegeben ist.

2. Rittergutsbesitzer in der Lausitz und dem Erzgebirge

Söhne und Enkel Johann Friedrich Höckners (1763-1832)

Der 1794 geborene Johann Adolph Höckner war wohl der einzige Sohn mit Interesse für die Landwirtschaft, die er parallel zum Besuch des Gymnasiums in Bautzen bei seinem Vater in Nedaschütz erlernte. Letzterer hatte noch in Stollberg als Handelsmann seine kaufmännischen Kenntnisse erworben und das landwirtschaftliche Fachwissen in vielen Berufsjahren vervollkommnet. Der Vater musste ja seinen Sohn Johann Adolph in die Lage versetzen, bald einen großen Landwirtschaftsbetrieb zu verwalten. Der 16jährige Johann Adolph ging deshalb auf ein landesweit bekanntes „Mustergut", das Kammergut Lohmen bei Pirna. Dort war im 18. Jahrhundert eine Zucht mit Merino-Schafen begonnen wurden. Übrigens hatten Schäfer die einst per Schiff in Hamburg eingetroffene Schafherde über viele Wochen nach Sachsen getrieben. Die Lohmener Zucht war so erfolgreich, dass Jahrzehnte später vom Ursprungsland Spanien Tiere aus Sachsen zur Weiterzucht geholt

Lebensdaten von Johann Adolph Höckner (1794-1865)

Sohn von Johann Friedrich Höckner (1763-1832)

1812 bis März 1814 Verwalter von Rittergut Prossen bei Bad Schandau (Besitzer: Obersteuerdirektor von Oppel)

1814-1836 Pächter der Rittergüter Weidlitz und Pannewitz

1834 - Juni 1836 zusätzlich Pächter des väterliches Rittergutes Nedaschütz (Besitzer: Karl Moritz von Wolffersdorf)

1836-1848 Besitzer und Erb-, Lehn- und Gerichtsherr auf Nedaschütz und Praga

1848-1850 Weingutsbesitzer in Loschwitz bei Dresden

1850-1865 Besitzer des Kanzleilehngutes Langenrinne bei Freiberg

Geburt/Eltern: * 06.09.1794 in Nedaschütz bei Bautzen, Vater: Johann Friedrich Höckner (1763-1832), Mutter: Johanne Eleonore, geb. König, aus Prietzschwitz bei Bautzen

Ausbildung: Gymnasium in Bautzen vom 10. bis 15. Lebensjahr, 1808-1809 Ökonomie-Lehre bei seinem Vater in Nedaschütz, 1810-1811 Fortsetzung der Ökonomie-Ausbildung bei Amtsverwalter Schopper in Lohmen

---

5　Gewerkenliste Grube St. Petri in Döhlen, aus: Gegenbuch des Bergamtes Altenberg mit Berggießhübel und Glashütte (www.ahzimmermann.gmx.home.de, Zugriff vom 30.07.2010).

6　Axel Flügel, Bürgerliche Rittergüter. Sozialer Wandel und politische Reform in Kursachsen (1680-1844), Göttingen 2000, S. 202.

Heirat: oo am 09.05.1815 in Postelwitz-Bad Schandau mit Caroline Wilhelmine Hering, Tochter eines Schiffsherrn in Postelwitz, * 21.10.1794 in Postelwitz bei Bad Schandau, † 23.12.1856 in Langenrinne

Kinder:

1. Adolphine Wilhelmine Höckner, * 03.03.1816 Weidlitz, † 14.10.1819 in Weidlitz
2. <u>Carl</u> Adolph Immanuel Höckner, 03.06.1817 in Weidlitz, † 16.10.1886 in Dresden, Buch- und Kunsthändler in Dresden → *Lebensdaten*
3. Ida Amalie Höckner, * 02.04.1819 in Weidlitz, † 15.04.1866 in Meißen oo am 18.02.1849 in Loschwitz mit Hilmar Weise, Advokat aus Meißen (* 20.11.1807 in Pulsnitz, † 16.07.1890 in Dresden), Kinder aus dieser Ehe: a. Arwed Hilmar Weise, b. Oskar Hilmar Weise, c. Ida Margarethe Weise
4. <u>Bertha</u> Adolphine Höckner, * 13.10.1820 in Weidlitz, † 21.10.1820 in Weidlitz
5. Heinrich <u>Adolph</u> Höckner, * 12.01.1822 in Weidlitz, Farmer in Wisconsin/USA, † 20.08.1897 in Sheboygan/USA → *Lebensdaten*
6. <u>Clara</u> Auguste Höckner, * 20.06.1823 in Weidlitz, † 14.10.1857 in Bautzen, oo am 04.11.1844 in Göda bei Bautzen mit Otto Julius Ehrig, Sohn des Syndikus der Landständischen Bank zu Bautzen, Advokat, Bankdirektor (* 29.07.1810 in Bautzen, † 26.12.1877 in Bautzen), Kinder aus dieser Ehe: a. Julius <u>Alfred</u> Ehrig, b. Julius <u>Richard</u> Ehrig, c. Julius <u>Arno</u> Ehrig, d. Julius <u>Edmund</u> Ehrig, e. Julius <u>Clemens</u> Ehrig, f. Julius <u>Franz</u> Ehrig, g. Clara <u>Katharina</u> Susanna Ehrig
7. Adolph <u>Theodor</u> Höckner, * 23.03.1826 in Weidlitz, landwirtschaftlicher Beamter, Rittergutsbesitzer in Langenrinne bei Freiberg, dort † 18.07.1884 → *Lebensdaten*
8. Adolph <u>Woldemar</u> Höckner, * 10.04.1827 in Weidlitz, landwirtschaftlicher Beamter, Rittergutsbesitzer in Hilmersdorf bei Wolkenstein, Weißbach und Dittersdorf, † 19.01.1872 in Dittersdorf → *Lebensdaten*
9. <u>Thekla</u> Eugenie Höckner, * 17.09.1828 Weidlitz, † 20.12.1883 in Dresden-Strießen, oo am 30.06.1857 in Freiberg mit Carl Friedrich Kröber, Rittergutsbesitzer auf Hilmersdorf, dann Beamter in Forchheim, später königlich-sächsischer ökonomischer Spezial-Kommissar in Dresden (* 31.01.1829 Meerholz/Hessen-Nassau, † 02.12.1916 Dresden), Kinder aus dieser Ehe: a. Wilhelmine <u>Elisabeth</u> Kröber, b. Thekla <u>Helene</u> Kröber, c. Susanna <u>Margarethe</u> Kröber, d. Karl <u>Reinhard</u> Kröber, e. Louise Katharina <u>Marie</u> Kröber, f. <u>Karl</u> Leopold Alexander Kröber, alle * in Forchheim
10. Adolph <u>Otto</u> Höckner, * 28.05.1830 in Weidlitz, landwirtschaftlicher Beamter, Rittergutsbesitzer in Loga bei Bautzen, † 17.02.1902 in Loga bei Bautzen → *Lebensdaten*
11. Clementine Lydia Höckner, * 28.04.1832 in Weidlitz, † 08.05.1893 in Dresden-Strießen, oo am 16.01.1859 in Bautzen mit Otto Julius Ehrig, Sohn des Syndikus der Landständischen Bank zu Bautzen, * 29.07.1810 in Bautzen, † 26.12.1877 in Bautzen (Otto Julius Ehrig war in I. Ehe mit Clementine Lydia Höckners älterer

wurden. In diesem Kammergut erwarb Johann Adolph Höckner das Rüstzeug für die eigene verantwortliche Tätigkeit, die ihm mit 18 Jahren auf seiner ersten Verwalterstelle im Rittergut Prossen bei Bad Schandau auch abverlangt wurde.

So mit Wissen und Erfahrung gerüstet, begann der 20jährige Adolph Höckner die eigene Karriere als *„Oekonom"*, wie es damals hieß. Er pachtete gleich zwei Rittergüter an der Chaussee zwischen Bautzen und Kamenz nahe dem heimatlichen Nedaschütz, nämlich Weidlitz und Pannewitz, damals schon im Besitz der Familie Hermann. Die beiden Güter mit einer Gesamtfläche von

Rittergut Prossen bei Bad Schandau um 1850

über 200 Hektar stellten für den jungen Landwirt eine beachtliche Herausforderung dar. Im Gut Pannewitz befand sich eine 400-köpfige Schafherde.[7] Das komfortable Gut Weidlitz mit langgestreckten Stallungen und Scheunen in einem Karree mit dem zweigeschossigen Herrenhaus wählte Adolph Höckner zum Wohnsitz. Dieses großzügige Haus mit Satteldach liegt immer noch idyllisch am Waldrand. Gleich hinter dem Wohnhaus quert ein Bach den Wiesengrund. Über eine kleine Brücke ging es in den Gutspark, der heute als Wiese besteht. Das ehemalige, in den letzten Jahren restaurierte Herrenhaus wird jetzt privat als Wohnhaus genutzt. Dem Verfall der Wirtschaftsgebäude wirken Baumaßnahmen zusehends entgegen. Das einstige Herrenhaus war 1842 (nach der Höckner-Zeit) neogotisch mit zentralem Dachreiter und seitlichen Treppengiebeln umgebaut worden.

Herrenhaus des Rittergutes Weidlitz um 1860

An diesem lieblichen Platz gründete Johann Adolph Höckner seine Familie, nachdem er 1815 in Postelwitz die Tochter eines Schiffsherrn geheiratet hatte. Das Paar lernte sich gewiss in der Zeit kennen, als Adolph Höckner im nahen Prossen das dortige Rittergut verwaltete. Im Herrenhaus des kleinen Dorfes Weidlitz wurden 13 der 14 Kinder von Adolph Höckner geboren, von denen zehn das Erwachsenenalter erreichten, jeweils fünf Söhne und Töchter. Alle sorgten für eine weite Verbreitung der Höckersippe. Vier Söhne blieben der Landwirtschaft treu, drei übernahmen große Rittergüter in Sachsen, einer ging in die USA. Der älteste Sohn Carl Adolph Immanuel Höckner fiel etwas aus dem Rahmen und wurde Buchhändler. Er ist mit seinen Nachkommen im Kapitel „Buchhändler und Fabrikanten" aufgeführt.

---

7   F. Heise/G.A. Pönicke: Album der Rittergüter und Schlösser im Königreich Sachsen, Bd. 3, S. 25-27, Leipzig 1860.

Der folgende Sohn Heinrich Adolph Höckner wanderte mit 23 Jahren in die USA aus, nachdem er vorher schon größeren Gütern in der Lausitz als Verwalter vorgestanden hatte. Er beteiligte sich dabei um 1845 an einer der ersten größeren Ausreisewellen und begann im Staat Wisconsin, nahe dessen Hauptstadt Milwaukee ganz im Norden der USA am Michigan-See, als Farmer. Auch zu ihm sollen die aufgeführten Daten eine weitere Familienforschung befördern helfen. → *Lebensdaten Heinrich Adolph Höckner*

Der nächste Sohn Adolph Theodor Höckner erwarb nach etlichen Jahren als Verwalter großer Landwirtschaftsbetriebe drei Güter in St. Michaelis bei Freiberg. Später kam das Gut in Langenrinne bei Freiberg dazu, welches der Vater inzwischen gekauft und bewirtschaftet hatte. Dem Familienzweig von Adolph Theodor Höckner ist das Kapitel „Rittergutsbesitzer im Freiberger Bergbaurevier" gewidmet.

Der eben kurz skizzierte Lebensweg findet sich im Prinzip auch bei den beiden verbliebenen Brüdern mit der ausgeprägten Neigung zur Landwirtschaft. Der vorletzte erwachsene Sohn Adolph Woldemar Höckner kaufte nach seiner Verwaltertätigkeit erst das Rittergut in Hilmersdorf bei Wolkenstein und später dazu die beiden Güter in Dittersdorf und Weißbach südlich von Chemnitz.

Lebensdaten Heinrich <u>Adolph</u> Höckner (1822-1897)

Enkel von Johann Friedrich Höckner (1763-1832)

1839-1845 landwirtschaftlicher Beamter in Burkau bei Bautzen und Rengersdorf bei Görlitz

1845 Auswanderung in die USA

1845-1897 Farmer in Milwaukee, Wisconsin/USA

Geburt/Eltern: * 12.01.1822 in Weidlitz

Ausbildung: Hauslehrer, Gymnasium zu Bautzen bis 1837, erlernte die Landwirtschaft bei seinem Vater in Nedaschütz bis 1839

Heirat:

oo I. Ehe am 02.11.1849 in Amerika mit Minna Caroline Justin, * in Fulda, † 25.11.1865 in Milwaukee

oo II. Ehe am 25.10.1866 in Amerika mit Lulie Eleonore Schönfeldt, * 26.02.1839 in Sangerhausen, † 10.09.1872 in Milwaukee

Kinder I. Ehe:

1. Johann <u>Adolph</u> Höckner, * 12.06.1855 in Milwaukee, † 17.11.1888 in Milwaukee, oo mit Barbara Röder (* 14.08.1864), Kinder aus dieser Ehe: a. <u>Edua</u> Rosa Hedwig Höckner, * 28.06.1883, b. Walter Höckner, * 09.12.1885, c. <u>Adolph</u> Louis Höckner, * 06.12.1888

2. <u>Therese</u> Josephine Wilhelmine (genannt Rosa) Höckner, * 29.07.1863 in Milwaukee,

Tod: † 20.08.1897 in Sheboygan/USA

Er ist mit seinen Nachkommen, von denen einige beachtliche kreativ-künstlerische Leistungen hervorbrachten, im Kapitel „Rittergutsbesitzer im mittleren Erzgebirge" vertreten.

Der jüngste Sohn Adolph Otto Höckner wirkte ebenfalls als Verwalter auf großen sächsischen Gütern und erwarb dann ganz in der Nähe seines Geburtsortes Weidlitz das Gut Loga, wo er die Tochter des Besitzers geheiratet hatte. Ihm und seinen Nachkommen gilt die Aufmerksamkeit im Kapitel „Einer bleibt in der Lausitzer Gutsbesitzertradition".

Es wäre ebenso interessant, die Lebenswege der Töchter Johann Adolph Höckners genauer zu verfolgen, würde jedoch den Rahmen des Buches sprengen. Tochter Ida Amalie Höckner heiratete den Advokaten Weise und lebte im schön gelegenen Loschwitz nahe Dresden. Clara Höckner vermählte sich mit dem Advokaten und späteren Bankdirektor Ehrig in Bautzen. Thekla Höckner wurde Ehefrau des Rittergutsbesitzers Kröber im erzgebirgischen Hilmersdorf nahe des bekannten Gasthofes „Heinzebank". Als später Carl Friedrich Kröber in Dresden zum königlich-sächsischen Spezialkommissar aufstieg, übernahm einer ihrer Brüder das Rittergut Hilmersdorf. Die Tochter Lydia Höckner folgte ihrer früh verstorbenen Schwester Clara nach Bautzen und heiratete deren Witwer Otto Julius Ehrig.

Nach diesem kurzen Blick auf das Leben der in Weidlitz geborenen Kinder von Johann Adolph Höckner und seiner Frau Johanne Eleonore, geb. König, soll deren Weg insbesondere mit den Berufsstationen des Mannes beleuchtet werden. Vorher sei dem ansonsten nüchternen Familiengeschichtsschreiber noch der phantasievolle Blick in und um das Weidlitzer Herrenhaus gestattet. Um 1835 lebten neben den Eltern neun Kinder im Alter von wenigen Monaten bis 16 Jahren im Haus, das über 10 km vom Schul- und Kirchort Bautzen entfernt lag.[8] Sicherlich halfen ein oder zwei Dienstmädchen in der Hauswirtschaft. Vermutlich kam ein Hauslehrer zumindest zeitweise zu den kleineren Kindern. Die großen Kinder lebten wohl unter der Woche im Internat des Bautzener Gymnasiums, zu dem sie ein Kutscher hinfuhr bzw. abholte. Sonntags ging es dann vermutlich mit zwei Kutschen zum Gottesdienst nach St. Nikolai in Bautzen. Gutshof, Garten, Park und Wald waren für die heranwachsenden Kinder ein spannendes Refugium, prägend für ein ganzes Leben.

Übrigens waren (und sind noch heute) die Kirchen St. Nikolai Bautzen, Neschwitz und Göda, zu denen die erwähnten Güter bzw. Dörfer Weidlitz,

---

8   Erst seit Mitte 1837 sind Pannewitz und Weidlitz ins 5-6 Kilometer entfernte Neschwitz eingepfarrt, siehe Heise/ Pönicke, Album der Rittergüter und Schlösser im Königreich Sachsen, Bd. 3, Leipzig 1860.

Schloss Nedaschütz im Jahr 2009, Foto: Gunter Lasch

Das ehemalige Herrenhaus von Klein-Praga
im Jahr 2009, Foto: Gunter Lasch

Die Pfarrkirche Göda in einer alten Ansicht, zu der die Höckners aus
Nedaschütz zum Gottesdienst und zu kirchlichen Amtshandlungen
mit der Kutsche fuhren

Ehemaliges Herrenhaus des Rittergutes Weidlitz 2009
Foto: Gunter Lasch

Das ehemalige Kanzleilehngut Langenrinne am Biberteich, auch
Hillgers Vorwerk genannt – Foto: Gunter Lasch

Historisches Scheunengebäude und jüngeres Taubenhaus im ehemaligen
Kanzleilehngut Langenrinne – Foto: Gunter Lasch

Herrenhaus vom ehem. Lehngut Oberzetzscha bei Altenburg

Kirche in Treben bei Altenburg
(Predigtkirche von Ferdinand Höckner)

Pannewitz, Loga, Prietschwitz, Nedaschütz und Praga gehörten, alle evangelisch. In der Gegend lebten und leben auch viele evangelische Sorben, die eine eigene Tracht pflegten, was allerdings schon um 1900 stark zurückging.[9] So wurde beispielsweise der sonntägliche Gottesdienst in Göda Mitte des 19. Jahrhunderts abwechselnd in deutsch und sorbisch gehalten. Die katholische sorbische Tradition in den weiter nördlich, teils auch westlich angrenzenden Orten um Neschwitz ist bis heute erhalten und regional stark ausgeprägt.

1836 folgte der Umzug nach Nedaschütz, nachdem Johann Adolph Höckner das einst väterliche Gut am 24. Juni 1836 käuflich (zurück)erworben hatte. Die Lebensbedingungen waren hier ähnlich günstig, nur der Kirch- und Schulort änderte sich in das mit zwei Kilometern eher nahe gelegene Göda. Von Nedaschütz aus gingen die ersten Kinder ihre eigenen beruflichen und familiären Wege. Johann Adolph Höckner hatte nicht nur den eigenen Söhnen ihr theoretisches und praktisches Rüstzeug für den Landwirtberuf mitgegeben. Zusammen mit seinem Freund Gottlieb Hedemus, dem Gutsbesitzer auf Oberuhna, gab er den *„Cato – ein Lehrbuch für junge Oekonomen und Gutsbesitzer"* heraus.[10]

Nach Ostern 1848 verkaufte Johann Adolph Höckner das Gut Nedaschütz mit Klein Praga und zog an den Rand der sächsischen Residenz, nach Loschwitz bei Dresden. Sicherlich angeregt von seiner hier lebenden Tochter Ida Amalia Weise, geb. Höckner, bewirtschaftete er einen Weinberg am rechten Elbhang. Nach fast 40 Jahren Verantwortung in großflächiger Landwirtschaft sollte wohl eine Abwechslung neue Impulse bringen. Der Hang zur Landwirtschaft war jedoch größer, sodass Adolph Höckner 1850 das recht große Gut Langenrinne bei Freiberg, auch Hillgers Vorwerk genannt[11], erwarb und bezog. Das Gut unterstand direkt der königlichen Verwaltung, wahrgenommen von der Dresdener Staatskanzlei, weshalb später der Name Kanzleilehngut Langenrinne gebräuchlich wurde.

Das Anwesen mit über 90 ha Fläche befindet sich in einem südlich Freiberg gelegenen, vom Münzbach durchflossenen Seitental der Freiberger Mulde. Der neben dem Biberteich heute noch vorhandene, allerdings stark ruinöse Gebäudekomplex lässt etwas vom Ausmaß des Gutes ahnen. Im Karree stehen große langgestreckte Stallanlagen neben den Wohngebäuden und Scheunen. Parallel dazu erstreckt sich in westlicher Richtung ein weiterer großer Scheunenkomplex. Bis 1990 noch genutzt und bewohnt, ist diese Anlage,

---

9   Herrn Arnd Lehmann aus Neschwitz ist für diese und weitere Angaben zu danken.
10   Das Lehrbuch von Gottlieb Hedemus war 1817 erstmals bei Arnold in Dresden erschienen.
11   Der Name von Hillgers Vorwerk geht auf die bekannte Freiberger Glockengießerfamilie Hilliger zurück.

die wegen der ursprünglichen Verbindung zum Kloster Altzella als einer der ältesten Gutshofstandorte Sachsens vermutet wird, leider mittlerweile dem Verfall preisgegeben.[12] Neben der großen Hofscheune stehen noch Gebäude aus der frühen Barockzeit. Die einstige Brennerei mit einer 30 m hohen Esse ist allerdings nicht mehr vorhanden.

Bei der Leitung des großen Gutes hatte Johann Adolph Höckner von 1850 an Unterstützung durch seine Söhne. Die ersten beiden Jahre wirkte Adolph Woldemar als Beamter in Langenrinne, bevor er mit Hilmersdorf ein eigenes Gut übernahm. Danach kam Sohn Adolph Otto mit auf das Gut, erst als Beamter, dann ab 1857 offiziell als Pächter, bis er Eigentümer von Gut Loga wurde.

Nach dem Tod von Johann Adolph Höckner im Jahr 1865 übernahm Sohn Adolph Theodor das Gut in Langenrinne, der bereits die Güter im etwa 4 km entfernten St. Michaelis besaß. Um 1870 waren somit sechs große Güter[13] in Sachsen im Eigentum der Höcknerfamilie, etwa 80 Jahre nachdem ihr letzter Vertreter die Stadt Stollberg verlassen hatte.

3. Buchhändler in Dresden und Fabrikanten in Sachsen

Carl Adolph Immanuel Höckner (1817-1886) und seine Nachkommen

Ein Enkel des letzten Stollberger Höckner, der 1817 in Weidlitz geborene Carl Adolph Immanuel Höckner wurde Buchhändler in Dresden, ganz offenbar nach seinem angestrebten Berufswunsch. Nach gründlicher Ausbildung und langer Gehilfentätigkeit übernahm er im Revolutionsjahr 1848 die Winklersche Buchhandlung in Dresden-Neustadt. Er heiratete 1851 die Bautzener Bürgermeisterstochter Elise Starke, die zur Vermählung auch ein Geschenk des späteren Königs Albert von Sachsen erhielt, wozu folgende Episode gehört:[14]

„Kronprinz Albert von Sachsen lag 1851 in Bautzen in Garnision und war bei Bürgermeister Starke oft als Gast, daher schenkte er dessen Tochter Elise zur Hochzeit einen Türkisschmuck, dazu folgenden Brief:

Verehrter Herr Bürgermeister!

Erlauben Sie mir bei der bevorstehenden Eheschließung Ihres Frl. Tochter derselben dieses kleine Andenken zu übersenden als freundlichen Dank der

---

12   Herrn Hubert Göhler aus Langenrinne (Freiberg, Ortsteil Zug) gilt Dank für seine Informationen.
13   Dittersdorf, Weißbach, Hilmersdorf, St. Michaelis, Langenrinne, Loga.
14   Arno Mehnert, Geschichten der Nachkommen des 1731 geborenen Traugott Starke zu Bautzen, Warmbrunn o. J.

vielen in Bautzen durch Ihre Güte genossenen heiteren und schönen Stunden, die mir gewiß nie aus dem Gedächtnis schwinden werden. Immer, so seien Sie sicher, werde ich mein liebes Bautzen und dessen Consul im Herzen haben.

Ihr wohlgeneigter ehemaliger Stadtbewohner

Albert

Dresden, den 13. Juli 1851

Prinz von Sachsen"

Lebensdaten von <u>Carl</u> Adolph Immanuel Höckner (1817-1886)

Enkel von Johann Friedrich Höckner (1763-1832)

1839-1846 Gehilfe in der Arnold'schen Buchhandlung zu Dresden
1847 Gehilfe in Heckenast's Buchhandlung in Pest (Ungarn)
1848-1886 Buchhändler in Dresden, ab 1884 königlich-sächsischer Hofbuchhändler

Geburt/Eltern: * 03.06.1817 in Weidlitz bei Bautzen, Vater: Johann Adolph Höckner (1794-1865), Mutter: Caroline Wilhelmine, geb. Hering, aus Postelwitz bei Bad Schandau

Ausbildung: Hauslehrer, Gymnasium zu Bautzen bis 1834, erlernte den Buchhandel in der Arnold'schen Buchhandlung zu Dresden bis 1839

Heirat:

oo I. Ehe am 07.10.1851 mit Marianne <u>Elise</u> Nanette Starke, Tochter des Bautzener Bürgermeisters Adolph Traugott Starke, * 21.05.1823 in Bautzen, † 21.10.1852 in Dresden

oo II. Ehe am 02.05.1855 mit <u>Laura</u> Maria Klette, ihre Mutter war eine geb. Freiesleben, deren Vater der Freiberger Oberberghauptmann Dr. Johann Carl Freiesleben (1774-1846), * 27.09.1828 in Potschappel, † 31.01.1922 in Dresden

Kind I. Ehe:

1. Carl Adolph <u>Elisa</u> Höckner, * 18.10.1852 in Dresden, königlich-sächsischer Hofbuchhändler in Dresden † 28.09.1912 in Partenkirchen → *Lebensdaten*

Kinder II. Ehe:

2. ein Knabe, */† 30.06.1856 in Dresden
3. Carl <u>Richard</u> Höckner, * 09.09.1857 in Dresden, † 17.03.1860 in Dresden
4. <u>Elise</u> Marianne Höckner, * 14.09.1859 in Dresden, † 29.10.1923 in Dresden, oo am 25.09.1888 in Dresden mit Paul Georg Schlick, Fabrikbesitzer in Waldheim (* 09.04.1858 in Dresden, † 29.09.1909 in Leipzig), Kinder aus dieser Ehe: a. Elise Lotte Schlick * 31.07.1891 in Waldheim, Lehrerin in Spremberg/Lausitz, b. Margarethe Schlick, * 07.10.1892 in Waldheim, oo in Dresden mit Max Oesterwitz, Bankbeamter, Kind: Karlheinz Oesterwitz, c. Bernhard Schlick, * 14.02.1901 in Waldheim, Bankbeamter
5. Johann <u>Ernst</u> Höckner, * 19.12.1860 in Dresden, † 31.10.1924 in Frankenberg,

Kaufmann in Leipzig, Fabrikant in Waldheim und Frankenberg → *Lebensdaten*

6. <u>Bernhard</u> Adolph Höckner, * 24.05.1863 in Dresden, †gefallen 06.08.1915 nahe Wolga-Smoljana (Ostfront) → *Lebensdaten*

7. Marie Laura Christine Höckner, * 25.12.1866 in Dresden, † 26.09.1921 in Waldheim, oo am 20.06.1891 in Dresden mit Theodor Alfred Martin Flathe, Fabrikbesitzer in Waldheim (* 30.01.1858 in Plauen/V., † 04.09.1920 in Waldheim), Kinder aus dieser Ehe: a. Antonie Marie Flathe, b. Karl Theodor Flathe, c. Georg Martin Flathe

Bemerkungen: Zuletzt wohnte die Familie in Dresden, Wasserstr. 1, dessen denkmalgeschütztes Haus (Biedermeierstil) 1945 beim Bombenangriff zerstört wurde.

Tod: † 16.10.1886 in Dresden

Carl Adolph Immanuel Höckner

---

15 Johann Adolph Höckner/Carl Adolph Elisa Höckner, Geschichtliche Nachrichten über die Familie Höckner, als Manuskript gedruckt, Dresden 1897 (Standort: Thüringer Staatsarchiv Altenburg, Sammlung Hans Höckner).

Dem Buchhändler Carl Adolph Immanuel Höckner ist es zu danken, dass die Daten der Familie Höckner, die sein Vater schon 1857 ein erstes Mal aufgeschrieben hatte, 1897 als Manuskript in Druck gingen.[15] 1884 erhielt Carl Adolph Immanuel Höckner vom sächsischen Königshof die Ernennung zum Hofbuchhändler. Zuletzt wohnte die Familie in Dresden Wasserstr. 1, dessen denkmalgeschütztes Haus im Biedermeierstil 1945 dem Bombenangriff zum Opfer fiel. → *Lebensdaten Carl Adolph Immanuel Höckner (1817-1886)* Der älteste Sohn übernahm das Buchhandelsgeschäft bis zu dessen Verkauf. Die Urenkelgeneration nach Johann Friedrich Höckner (1763-1832) wird im wesentlichen nur noch mit den Lebensdaten angegeben, um Anknüpfungsmöglichkeiten zur Familiengeschichtsforschung zu bieten. Ansonsten sprechen die Fakten für sich, wenn beispielsweise die Kriegstoten dieser und der folgenden Generation beachtet werden.
→ *Lebensdaten von Carl Adolph Elisa Höckner (1852-1912)*

Lebensdaten von Carl Adolph Elisa Höckner (1852-1912)
Urenkel von Johann Friedrich Höckner (1763-1832)
1872/73 Dienst im königlich-sächsischen Schützenregiment (als Hauptmann verabschiedet)
1873/74 Buchhändlergehilfe in Breslau und Wien
1875-1885 Teilhaber im väterlichen Buchhandelsgeschäft in Dresden-Neustadt
1886-1890 Inhaber der väterlichen Buchhandlung, königlich-sächsischer Hofbuchhändler
1890 krankheitshalber verkauft, 1890-1912 Einwohner in Lößnitz bei Dresden
Geburt/Eltern: * 18.10.1852 in Dresden, Vater: Carl Adolph Immanuel Höckner (1817-1886), königlich-sächsischer Hofbuchhändler in Dresden, Mutter: Marianne Elise Nanette Starke aus Bautzen (1823-1852)
Ausbildung: Krausesches Gymnasium in Dresden bis 1869, erlernte den Buchhandel in Brandenburg/Havel bis 1871
Heirat: oo am 21.06.1884 mit Marie Hofmann, Tochter eines Hotelbesitzers in Dresden, * 01.09.1862 in Dresden, † 29.11.1918 in Dresden
Kinder:
1. Carla Elisa Höckner, * 01.05.1885 in Dresden, † 01.06.1955 in Radebeul, oo am 10.11.1921 in Dresden mit Walter Joachim Paul Wilhelm Hermann Theodor von Minkwitz, Major a. D. (* 14.10.1874 in Namslau (?), † 21.09.1957 in Radebeul, gehört der Breitenhainer Linie (Lucka) seines Geschlechts an), Kind aus dieser Ehe: Hans Joachim Paul Theodor Hieronymus von Minkwitz, * 24.10.1924

in Radebeul, † gefallen als Panzergrenadier 01.04.1945 (an der Ostfront)
2. Louise Maria Josepha Höckner, * 24.08.1887 in Dresden, † 12.12.1942 in Dresden, oo am 15.11.1932 mit Friedrich Georg Schreiter († gefallen als Gefreiter 29.08.1942), Kind aus dieser Ehe: Dieter Schreiter, * 1934
3. ein Knabe, */† 20.05.1889 in Oberlößnitz bei Dresden
4. Christa Höckner, * 04.09.1896 in Serkowitz, † 28.08.1978 in Dresden, oo am 19.10.1918 in Dresden mit Karl Theodor Hans Marx, Dr. med. und praktischer Arzt in Dresden, Sedanstr. 22 (* 03.04.1878 in Döbeln, † 27.03.1962 in Dresden), Kinder aus dieser Ehe: a. Auguste Marie Johanna Barbara Marx, b. Hans Peter Marx
5. Carl Heinrich Joachim Höckner, * 03.02.1898 in Serkowitz, oo am 23.11.1926 in Klein-Zschachwitz mit Erika Johanna Apolloni Winkler, Tochter eines Landwirts und Rittergutsbesitzers auf Nickern, Zschachwitz (* 06.04.1902 in Nickern), Kinder aus dieser Ehe: a+b. zwei Knaben, */† 1924, c. Paul Georg Achim Höckner, * 05.07.1925 in Klein-Zschachwitz, † gefallen, d. Günter Höckner, * 08.11.1926 in Klein-Zschachwitz, † gefallen 1943

Tod: † 28.09.1912 in Partenkirchen

Von den Kindern der zweiten Ehe wirkte der Sohn Johann Ernst Höckner als Fabrikant in Mittelsachsen. Bei diesem Nachkommen mit den Vornamen des Stollberger Stammvaters fällt die Ausbildung im Ausland auf. Interessant ist der Bericht von Dr. Gerhard Roßberg[16] über eine Zeichnung des Freiberger Malers Eduard Heuchler von 1845, welcher die Familie des Freiberger Oberberghauptmanns Dr. Johann Carl von Freiesleben zeigt, dabei u. a. Laura Marie Höckner, geb. Klette.
→ *Lebensdaten von Johann Ernst Höckner (1860-1924)*
Der dritte Sohn Dr. Bernhard Adolph Höckner studierte Jura und wurde Amtsrichter. Er schlug später eine Militärlaufbahn ein. Die Nachkommen auch in den folgenden Generationen wirkten bzw. wirken überwiegend als Akademiker in Verwaltung, Politik und Wirtschaft.
→ *Lebensdaten von Dr. Bernhard Adolph Höckner (1863-1915)*

---

16 Gerhard Roßberg, Das Schwalbennest, in: Sächsische Heimatblätter Heft 4/1966.

Lebensdaten von Johann **Ernst** Höckner (1860-1924)

Urenkel von Johann Friedrich Höckner (1763-1832)

1884-1885 Kaufmann in Dporto (Schottland), 1885-1887 in Paisley (Schottland)
1887-1889 Kaufmann in Manchester (England), 1890-1892 wieder in Leipzig
1893-1906 Fabrikant in Waldenburg, Besitzer einer Posamentenfabrik
1907-1924 Fabrikant in Frankenberg, Besitzer einer mechanischen Seidenweberei

Geburt/Eltern: * 19.12.1860 in Dresden, Vater: Carl Adolph Immanuel Höckner (1817-1886), königlich-sächsischer Hofbuchhändler in Dresden, Mutter: Laura Maria Klette (1828-1922)

Ausbildung: Realgymnasium Dresden-Neustadt bis 1879, Kaufmannslehre in Leipzig bis 1883

Heirat: oo am 12.06.1893 in Sommerfeld (bei Velten?) mit Marie Elisabeth Doris Kulcke, * 17.12.1866 in Sommerfeld, † 24.06.1945 in Frankenberg

Kinder:

1. Laura <u>Marie</u> Doris Höckner; * 27.08.1894 in Frankenberg, oo am 24.06.1920 in Frankenberg mit Dr. med. Gerhard Roßberg, praktischer Arzt in Mittweida (* 10.09.1892 in Frankenberg), Kinder aus dieser Ehe: a. <u>Christa</u> Doris Irma Roßberg, * 15.05.1921, b. <u>Rosemarie</u> Irma Elisabeth Roßberg, * 29.06.1924, c. Johann Ernst Gerhard <u>Dieter</u> Roßberg, * 01.01.1929 (alle * in Mittweida)

Tod: † 31.10.1924 in Frankenberg

Lebensdaten von Dr. **Bernhard** Adolph Höckner (1863-1915)

Urenkel von Johann Friedrich Höckner (1763-1832)

1895-1900 Amtsrichter in Dresden
1900-1907 Kriegsrat im sächsischen Kriegsministerium, seit 1908 wirkl. Geh. Kriegsrat
1914 freiwillig an die Front, seit 1915 an Ostfront in Polen und Ostpreußen, dort †

Geburt/Eltern: * 24.05.1863 in Dresden, Vater: Carl Adolph Immanuel Höckner (1817-1886), königlich-sächsischer Hofbuchhändler in Dresden, Mutter: Laura Maria Klette (1828-1922)

Ausbildung: Gymnasium zu Dresden-Neustadt bis 1882, 1882/83 Militärdienst, studierte in Heidelberg und Leipzig, promovierte zum Doktor beider Rechte

Heirat: oo am 23.02.1895 in Dresden mit Christine Charlotte Schubart, * 22.12.1870 in Dresden, † 13.11.1966 in Waldbröl

Kinder:

1. Dr. rer. pol. <u>Hans</u> Carl Georg Höckner, * 26.04.1896 in Dresden, Bezirksrat in Dresden, dann Richter in Zwickau, † gefallen Royan/Frankreich am 15./16. April 1945, oo I. Ehe: am 29.03.1921 in Stargard/Pommern mit Annemarie Wilhelmi-

ne Erdmuth Brehmer, Tochter eines Justizrats und Landgerichtsdirektors in Stargard (*29.01.1896 in Wollin/Pommern), Ehe 1928 geschieden, Kinder aus dieser Ehe: a. Johann Bernhard Felix Höckner, *13.02.1921 in Dresden, Ministerialrat in Nordrhein-Westfalen, † 28.12.1980 in Willich, b. Johann Carl Gustav Höckner, *06.03.1923 in Dresden, CDU-Geschäftsführer in Olpe, † 19.02.1998 in Olpe, oo II. Ehe: am 28.03.1931 in Dresden mit Ilse Goldschmidt, Tochter eines Privatmanns, (*26.08.1899 in Dresden), † 10.09.1980 in Bochum, Kind aus dieser Ehe: c. Johann Friedrich Höckner, *13.02.1932 in Zwickau, Dr. rer. pol. Bochum, Vorstandsdirektor einer AG
2. Christine Louise Höckner, * 19.05.1897 in Dresden, ledig, Tanzlehrerin, † 19.12.1984 in Dresden

Tod: †gefallen 06.08.1915 bei Wolga-Smoljana (Ostfront)

4. Rittergutsbesitzer im Freiberger Bergbaurevier

Adolph Theodor Höckner (1826-1884) und seine Nachkommen

Adolph Theodor Höckner besuchte als weiterbildende Schule das Polytechnikum in Dresden und lernte dann bei seinem Vater in Nedaschütz. Bereits mit 17 Jahren wurde er erster Beamter auf einem Gut in Lohsa[17], wo er vier Jahre blieb. Darauf folgten weitere vier Jahre in Glossen bei Löbau. Dann kaufte Adolph Theodor Höckner 1852 von Samuel Friedrich Heinzmann das Gut Nr. 124 in St. Michaelis bei Brand.[18] Auf dieses zum Verkauf stehende Gut hatten ihn Vater und Bruder hinweisen können, die seit 1850 im nahen Langenrinne lebten. Das Hauptgut in der Ortsmitte von St. Michaelis war ein großer Vierseithof mit einem schlichten Herrenhaus sowie kleinem Gutspark. Es wurde 1992 vollständig abgerissen.[19] Weiterhin zählten zwei ehemals Heinzmannsche Güter offenbar zum Höcknerschen Besitz in St. Michaelis, der 1858 ein Areal von 126 Acker und 140 Quadratruten umfasste.[20] Im Jahr des Gutskaufes heiratete Höckner seine aus Löbau stammende Braut, die er von seiner Dienstzeit in Glossen kannte. Sie gründeten in St. Michaelis ihre Familie, wo fünf Kinder geboren und davon zwei Töchter und ein Sohn

---

17 Lohsa liegt in der Lausitz zwischen den Städten Wittichenau und Hoyerswerda, es hatte eine historische Verbindung zu Pannewitz in der Herrschaft Neschwitz.
18 St. Michaelis ist heute Ortsteil von Brand-Erbisdorf im Landkreis Mittelsachsen.
19 Herrn Joachim Beyer aus St. Michaelis gilt Dank für Informationen und Bilder.
20 Carl Hermann Müller, Historisch-Topographisch-Statistische Beschreibung der Bergstadt Brand und ihrer Umgebung, Freiberg 1858; 1 sächs. Acker = 5534 m².

erwachsen wurden. Auffällig ist die Angabe von Bränden in den Jahren 1882 und 1884 auf dem Höcknergut in St. Michaelis.[21]

→ *Lebensdaten von Adolph Theodor Höckner (1826-1884)*
Nach dem Tod Adolph Theodor Höckners übernahm 1884 zunächst sein Sohn Paul Höckner die Güter in St. Michaelis. Als letzterer nach Langenrinne ins einst großväterliche Gut wechselte, folgte ihm in St. Michaelis ab 1887 sein aus Westpommern stammender Schwager, der Diplom-Landwirt Otto Kühne. Von Familie Kühne ist auf dem Friedhof St. Michaelis noch eine stark verwitterte Begräbnisstätte vorhanden. Otto Kühne, seit 1908 Mitglied des Landeskulturrats, meldete sich nach dem Tod seiner Frau 1914 wieder zum Militärdienst und war in der Verwaltung von Kurland, später in Estland tätig.

Lebensdaten von Adolph <u>Theodor</u> Höckner (1826-1884)
Enkel von Johann Friedrich Höckner (1763-1832)

1843-1847 erster Beamter bei Baron von Löbenstein auf Lohsa
1847 Besitzer der Papiermühle von Nedaschütz
1848-1852 erster Beamter bei Herrn Schmalz auf Glossen
1852-1884 Gutsbesitzer zu St. Michaelis bei Freiberg (Heinzemannsche Güter)
1865-1884 Besitzer des Kanzleilehnguts Langenrinne bei Freiberg (vom Vater erworben)

Geburt/Eltern: * 23.03.1826 in Weidlitz, ~ in Neschwitz, Vater: Johann Adolph Höckner (1794-1865), Rittergutsbesitzer in Nedaschütz und Langenrinne, Mutter: Caroline Wilhelmine Hering, aus Postelwitz bei Bad Schandau (*1794)

Ausbildung: durch Hauslehrer vorgebildet, Polytechnikum zu Dresden 1839/40, erlernte die Landwirtschaft bei seinem Vater in Nedaschütz bis 1842

Heirat: oo am 21.09.1852 in Tharandt mit Sally Auguste Engelhardt, Tochter von Dr. med. Engelhardt in Löbau, * 29.11.1827 in Löbau, † 04.06.1898 in St. Michaelis

Kinder:
1. <u>Cora</u> Adolphine Höckner, * 19.07.1853 in St. Michaelis, † 30.12.1926 in Magdeburg, oo am 07.12.1875 in Freiberg mit Carl Wilhelm Müller, Gutsbesitzer in Memmendorf bei Frankenstein, später Fuhrwerksbesitzer in Magdeburg-Buckau (* 24.08.1848 Leipzig, † 02.07.1904 Magdeburg), Kinder aus dieser Ehe: 5 Töchter, 3 Söhne
2. <u>Thekla</u> Margarethe Höckner, * 17.12.1856 St. Michaelis, † 25.11.1857 St. Michaelis
3. <u>Paul</u> Theodor Höckner, * 06.07.1858 in St. Michaelis, landwirtschaftlicher Beamter, Gutspächter, Gutsbesitzer in Langenrinne (Stammgut Höckner), schrift-

---

21 Diese, wie auch die folgenden Angaben zum Grabmal Kühne von Herrn Joachim Beyer aus St. Michaelis.

stellerisch als Ökonomierat in Dresden tätig, † 08.06.1914 in Dresden, begr. in Freiberg, oo am 24.06.1884 in Freiberg mit Clara Adolphine Wagner, Tochter des Bergdirektors Wagner in Bescheert Glück bei Brand (* 31.10.1862 in Bescheert Glück), Kinder aus dieser Ehe: a. Franz Theodor Höckner, * 02.04.1885 in St. Michaelis, Offizier, Großhändler, Prokurist in der Bauwarengroßhandlung des Schwiegervaters, † 25.02.1932 in Dresden, oo am 15.08.1914 in Dresden mit Charlotte Schaper, Tochter eines Großkaufmanns aus Dresden (* 22.03.1891 in Dresden), b. Paul Gustav Theodor Höckner, * 08.02.1887 in St. Michaelis, landwirtschaftlicher Beamter, am 21.08.1910 in Königsbrück bei Schießübungen verwundet, starb zwei Tage darauf, † 23.08.1910 in Dresden, beigesetzt in Freiberg, c. Hildegard Clara Sally Höckner, * 07.05.1891 in Langenrinne, oo am 11.06.1911 mit Wolfgang Rudolph Mehner, Oberförster und Direktor der Forsteinrichtungsanstalt in Dresden (* 16.09.1883 in Freiberg, † 01.02.1935 in Dresden), Kinder aus dieser Ehe: 1 Tochter, 1 Sohn
4. ein Knabe, */ † 24.06.1859 in St. Michaelis
5. Clara Theodora Höckner, * 01.01.1867 Langenrinne, † 15.08.1914 in St. Michaelis, oo am 14.06.1887 in Freiberg mit Friedrich Louis Otto Kühne, Gutsbesitzer in St. Michaelis, Hauptmann der Landwehr-Artillerie, * 09.07.1861 in Tamsel bei Küstrin (Pommern, heute Polen), † 05.11.1943 in Dresden, begr. 12.11.1943 in St. Michaelis, Kinder aus dieser Ehe: 1 Tochter, 1 Sohn
Tod: † 18.07.1884 in Langenrinne bei Freiberg

5. Rittergutsbesitzer im mittleren Erzgebirge

Adolph Woldemar Höckner (1827-1872) und seine Nachkommen

Adolph Woldemar Höckner wuchs in der Lausitz auf, anfangs in Weidlitz, später im idyllischen Nedaschützer Schloss mit seinem Gutspark. Dort erhielt er bis zum 14. Lebensjahr Schulunterricht und kam danach für zwei Jahre auf die Gewerbeschule in Zittau. Anschließend lernte er bei seinem Vater auf dem Nedaschützer Gut die Landwirtschaft. Mit 19 Jahren übernahm er Verantwortung als Beamter auf den Gütern Großschweidnitz (südlich Bautzen) und Bischdorf (bei Kamenz). Als der Vater in Langenrinne nochmals einen großen Landwirtschaftsbetrieb übernahm, unterstützte er ihn dort als Verwalter bis 1852.

Mit 24 Jahren begründete er seinen eigenen Hof und erwarb das Rittergut Hilmersdorf bei Wolkenstein. Dieses Gut mit damals 136 ha Fläche besaß bis 1852 sein späterer Schwager Carl Friedrich Kröber (1829-1916). Weil letzte-

rer eine neue Aufgabe im Dienst der sächsischen Verwaltung im Rittergut Nie-
derforchheim übernommen hatte, stand das Gut Hilmersdorf zum Verkauf.
Dieses Anwesen lag am oberen Ende des Ortes, unweit der „Heinzebank"
mit dem gleichnamigen Gasthof am Schnittpunkt zweier alter Fernstraßen.
Um das Herrenhaus gruppierten sich im langgezogenen Viereck die Wirtschaftsgebäude.[22]

Woldemar Höckner
gründete im Erzge-
birge auch eine Fa-
milie, indem er 1854
Johanne Wilhelmine
Brandt aus Reitlie-
hausen bei Uslar in
Hannover ehelich-
te. Hier wurde 1855
der Sohn Johannes
Höckner geboren,
dessen Lebensbe-
richt mit vielen Sta-
tionen in sächsischen

Rittergut Hilmersdorf um 1850

Landen später wiedergegeben
ist. Er kam im Alter von fünf
Jahren zur weiteren Erziehung
außer Haus nach Niesky und ist
erstaunlicherweise ein Leben
lang mit Anstalten und Gefängnissen verbunden gewesen. →
Lebensdaten Johannes Höckner
(1855-1937)
Im Januar 1857 starb die Ehefrau Woldemar Höckners im
Wochenbett. Drei Jahre später
heiratete er die Leipziger Kauf-
mannstochter Marie Sophie

Rittergut Hilmersdorf um 1940
(Sammlung Matthias Haase)

22 Matthias Haase aus Hilmersdorf gilt herzlicher Dank für Informationen und Fotos; er hat eine dreidimensionale
Ansicht des Rittergutes Hilmersdorf erstellt, die er publizieren wird.

Hercher, mit der offenbar ausgeprägte künstlerische Veranlagungen an die Höckner-Nachkommen vermittelt wurden. Der 1860 in Hilmersdorf geborene Woldemar Georg Höckner prägte als promovierter Mathematiker in Leipzig nachhaltig das Versicherungswesen. → *Lebensdaten Dr. Georg Höckner (1860-1936)*

Ein weiteres der neun Kinder dieser zweiten Ehe kam 1864 mit Woldemar Rudolf Höckner in Hilmersdorf zur Welt. Rudolf Höckner wirkte als Kunstmaler und zog in die Nähe von Hamburg. Er ist als „Maler der Stille" bei Kunstkennern ein Begriff. → *Lebensdaten Rudolf Höckner (1864-1942)*

Lebensdaten von Adolph Woldemar Höckner (1827-1872)
Enkel von Johann Friedrich Höckner (1763-1832)

1847-1852 Beamter auf den Gütern Großschweidnitz, Bischdorf und Langenrinne
1852- mind. 1870 Rittergutsbesitzer in Hilmersdorf bei Wolkenstein
1867-1872 Rittergutsbesitzer in Weißbach und Dittersdorf, auch Friedensrichter

Geburt/Eltern: * 10.04.1827 in Weidlitz, ~ in Neschwitz, Vater: Johann Adolph Höckner (1794-1865), Rittergutsbesitzer in Nedaschütz und Langenrinne, Mutter: Caroline Wilhelmine Hering, aus Postelwitz bei Bad Schandau (*1794)

Ausbildung: Schule zu Nedaschütz bis 1841, Gewerbeschule in Zittau bis 1843, erlernte die Landwirtschaft bei seinem Vater in Nedaschütz bis 1846

Heirat:
oo I. Ehe am 05.03.1854 mit Johanne Wilhelmine Brandt, Tochter des Gutsbesitzers Johann Friedrich Brandt auf Reitliehausen bei Uslar in Hannover, * 03.10.1831 in Reitliehausen, † 17.01.1857 in Hilmersdorf, beigesetzt im Erbbegräbnis in Wolkenstein
oo II. Ehe am 26.01.1860 in Leipzig mit Marie Sophie Hercher, Tochter des Kaufmanns Eduard Hercher in Leipzig und der Johanna Friederika Doris geb. Bergmann, * 20.10.1835 in Leipzig, † 05.06.1889 in Rudolstadt

Kinder I. Ehe:
1. Woldemar Johannes Höckner, * 16.01.1855 in Hilmersdorf, landwirtschaftlicher Beamter, Anstaltsdirektor u. a. in Hoheneck, Oberregierungsrat, † 1937 in Dresden → *Lebensdaten*
2. Helene Minna Höckner, * 10.01.1857 in Hilmersdorf, † 26.01.1857 in Hilmersdorf

Kinder II. Ehe:
3. Woldemar Georg Höckner, * 16.10.1860 in Hilmersdorf, Mathematiker, Beamter, Versicherungsdirektor, † 11.04.1936 in Nerchau → *Lebensdaten*
4. Sophie Henriette Höckner, * 13.04.1862 in Hilmersdorf, † 04.04.1952 in Dresden-Klotzsche, oo am 25.06.1890 mit Karl Traugott Hermann Müller, Pfarrer in

Otterwisch (* 06.08.1861 in Krebes), Kinder aus dieser Ehe: 3 Töchter

5. Woldemar <u>Hilmar</u> Höckner, * 31.05.1863 Hilmersdorf, † 14.04.1867 Hilmersdorf

6. Woldemar <u>Rudolph</u> Höckner, * 28.07.1864 in Hilmersdorf, Kunstmaler, † 22.04.1942 in Bad Mergentheim bei einem Kuraufenthalt → *Lebensdaten*

7. Sophie <u>Theodora</u> Höckner, * 18.01.1866 in Hilmersdorf, † 13.07.1933 in Meißen, oo am 14.10.1888 in Leipzig mit William Schönknecht, Pfarrer zu Rodewisch/Vogtl., ab 1909 Pfarrer in Meißen (* 31.10.1831 in Reudnitz, † 29.04.1919 in Meißen), Kinder aus dieser Ehe: 4 Söhne, davon 3 Pfarrer in Sachsen

8. Woldemar <u>Heinrich</u> Höckner, * 28.03.1867 in Hilmersdorf, Offizier, Versicherungsvertreter in Flöha, † 18.12.1927 in Flöha

9. Woldemar <u>Willy</u> Höckner, * 21.07.1868 in Hilmersdorf, Offizier, Dr. jur., Amtsrichter in Zittau, † 31.12.1945 in Zittau, oo am 14.07.1904 in Zittau mit Margarethe Charlotte Werner (* 16.10.1883 in Chemnitz), Kinder aus dieser Ehe: 1 Tochter

10. Woldemar <u>Ralph</u> Höckner, * 20.07.1870 in Dittersdorf, † 17.04.1896 in Leipzig

11. Louise Helene <u>Sophie</u> Höckner, * 21.11.1871 in Dittersdorf, Handarbeitslehrerin, ledig, † 24.04.1918 in Leipzig, begr. auf Johannisfriedhof in Leipzig

Tod: † 19.01.1872 in Dittersdorf, begr. 22.01.1872 im Erbbegräbnis in Wolkenstein

Die jüngeren, noch in Hilmersdorf geborenen Söhne Heinz und Willy Höckner wurden nach der Offizierslaufbahn Versicherungsvertreter in Flöha bzw. Amtsrichter in Zittau. Zwei Töchter blieben als Pfarrfrauen in der Tradition der Stollberger Vorfahren.

Um 1870 verlegte Woldemar Höckner

Lithografie Schloß Dittersdorf um 1850

den Wohnsitz der Familie von Hilmersdorf nach Dittersdorf. Die in Dittersdorf geborene Tochter Sophie Höckner verwirklichte als Handarbeitslehrerin die kreative Veranlagung.

Als Woldemar Höckner 1872 mit 44 Jahren starb, musste die vielköpfige Familie allein zurechtkommen. Ein Fortführen der großen Güter war nicht möglich, sodass im darauffolgenden Jahr auch Dittersdorf und Weißbach zum Verkauf kamen. Die Mutter zog mit acht Kindern zunächst nach Freiberg und 1877 in ihre Vaterstadt nach Leipzig. Ein Sohn besuchte schon seit 1870 die Kadettenschule in Dresden. Dieser älteste Sohn Johannes Höckner hatte nach zwei Jahren Tätigkeit in der Landwirtschaft dann zeitlebens mit Erziehungsanstalten und Gefängnissen zu tun.

Lebensdaten von Woldemar <u>Johannes</u> Höckner (1855-1937)
Enkel von Johann Friedrich Höckner (1763-1832)

1874-1878 als Fähnrich, später Leutnant im sächsischen I. Feldartillerie-Reg. Nr. 12
1878 Pächter von Gut Frauendorf bei Ortrand
1880 Zivilstaatsdienst als Oberbeamter bei den Landesanstalten in Waldheim
1884-1897 Vorstand der Landesanstalten in Zwickau und Hoheneck bei Stollberg
1898-1902 Vorstand der Landesanstalt Hochweitzschen
1902-1903 Landesanstaltsdirektor in Zwickau
1904-1909 Landesanstaltsdirektor in Sachsenburg
1909-1920 Direktor der Landeskorrektionsanstalt Schloss Hohnstein
 seit 1910 Regierungsrat, ab 1915 Oberregierungsrat

Geburt/Eltern: * 16.01.1855 in Hilmersdorf, ~ in Wolkenstein, Vater: Adolph Woldemar Höckner (1827-1872), Gutsbesitzer in Hilmersdorf, Dittersdorf und Weißbach, Mutter: Johanne Wilhelmine Brandt, aus Reitliehausen bei Uslar in Hannover (1831-1857)

Ausbildung: Erziehungsanstalt der Brüder-Unität in Niesky bis 1864, Bürger- und Realschule zu Annaberg bis 1869, Kadettencorps zu Dresden bis 1874

Heirat:

oo I. Ehe am 08.08.1878 in Meißen mit Thekla von Wiedebach, Tochter eines Gutsbesitzers auf Frauendorf, * 31.05.1846 Friedrichshof/Peitz, † 09.01.1880 Ortrand

oo II. Ehe am 14.01.1884 in Waldheim mit Marie Louise Schilling, Tochter des Geh. Regierungsrats Schilling, * 25.04.1850 in Dresden, † 03.07.1910 in Hohnstein

oo III. Ehe am 16.01.1913 in Hohnstein mit Doris Marie verw. Kopp, geb. Ludewig, Tochter des Rittergutsbesitzers Ludewig in Neustruppen, * 31.10.1866 in Neustruppen

Kinder I. Ehe:
1. Emma Martha Höckner, * 31.12.1879 in Ortrand, zuletzt Schwester in der Universitätsnervenklinik Marburg, oo am 06.12.1909 in Marburg/Lahn mit Eduard Paul Pietzschmann, Ingenieur, anfangs in Erfurt, lebte später getrennt von der Ehefrau (* 27.06.1877 in Stockhausen), Kind aus dieser Ehe: Hermann Pietzschmann, * 05.09.1914 in Erfurt

Kinder II. Ehe:
2.Wilhelmine Louise Höckner, *11.11.1884 Zwickau, † 19.05.1885 in Zwickau

Tod: † 1937 in Dresden

Er muss dabei auch einige Jahre in Hoheneck gelebt haben, ganz nahe an der Stadt der Väter. Am besten kennzeichnet Johannes Höckner wohl die Tatsache, dass er nach seinem Ruhestand 1918 die Geschäfte des Direktors der Anstalt auf Schloss Hohnstein/Sächsische Schweiz noch Jahre weiterführte, insbesondere um den Umbau der Anstalt für Gefängnissträflinge zu leiten. Sein Halbbruder Georg Höckner war offenbar ein völlig anderer, musisch und naturwissenschaftlich geprägter Typ, dem nunmehr das Augenmerk gilt.

Karriere im Versicherungswesen – Der Mathematiker Dr. Georg Höckner

Lebensdaten von Georg Höckner (1860-1936)
Urenkel von Johann Friedrich Höckner (1763-1832)

1886 Probekandidat am Realgymnasium Leipzig
1887-1893 Angestellter bei der Stadtvermessung Leipzig
1893-1904 Leiter des mathematischen Büros der Lebensversicherungsgesellschaft Leipzig
1904 Vorstandsmitglied der Lebensversicherungsgesellschaft Leipzig
1913-1920 Dozent am Versicherungsinstitut der Universität Leipzig
1920-1926 Versicherungsbeirat beim Aufsichtsamt für Privatversicherungen in Berlin, später Direktor einer Versicherungs-AG
1926-1936 Ruhestand im eigenen Haus in Nerchau (nördlich Grimma)

Geburt/Eltern: * 16.10.1860 in Hilmersdorf, ~ in Wolkenstein, Vater: Adolph Woldemar Höckner (1827-1872), Mutter: Marie Sophie Hercher (1835-1889)

Ausbildung: Privatunterricht in Hilmersdorf, ab 1872 Institut Kaden in Dresden, dann Realschule Freiberg bis 1877, Leipzig bis 1881, Universität Leipzig bis 1885, 1886 ein Jahr Militärpflicht, 1890 Doktorwürde der philosophischen Fakultät der Universität Leipzig

Heirat: oo am 04.01.1891 in Leipzig mit Rosa Aurelia Emma Fichtner, Tochter eines Leipziger Kaufmanns, * 14.06.1868 in Leipzig

Kinder:
1. Prof. Georg Hilmar Höckner, * 24.12.1891 Leipzig, † 24.01.1968 Fürstenzell/Passau, Musiklehrer, Musikwissenschaftler, Komponist, oo am 24.12.1917 in Leipzig mit Martha Schoder, Pianistin → *Lebensdaten Georg Hilmar Höckner (1891-1968)*

2. Georg <u>Walter</u> Höckner, * 14.03.1899 in Leipzig, † Oktober 1972 in Westdeutschland, Musiklehrer, Musikantiquar, Kammermusiker, spielte Violine und
Bratsche, 2 Ehen, 1 Tochter in I. Ehe
3. Georg Ralf <u>Erich</u> Höckner, * 20.04.1901 in Leipzig, † 17.11.1943 in Lublin,
Ingenieur in der Radiobranche, Inhaber eines Radiogeschäfts in Leipzig, oo am
21.07.1927 in Leipzig mit Bianca Corsi (* 08.10.1896 in Bettona/Italien), Kinder
aus dieser Ehe: a. <u>Emma</u> Marie Höckner, * 21.07.1928 Leipzig, Kunstbuchbin-
derin, † 27.06.1976 in Roßwein, oo mit Helmut Kremer, Fotografenmeister in
Roßwein (* 12.11.1920 in Leipzig, † März 2003 in Roßwein), Kinder: 2 Söhne,
b. Ralf Höckner, *21.10.1929, Architekt, Dipl. Ing., lebt in Lund/Schweden, oo
mit Gisela, geb. Engel (* 15.03.1935 bei Berlin, Tänzerin und Tanzpädagogin),
Kinder: 3 Töchter

Tod: † 11.04.1936 in Nerchau

Quellen:
Peter Koch, „Höckner, Georg", in Neue Deutsche Biographie, Bd. 9 (1972), S. 306.
Ulrich Höckner, Das Höckner-Familienbuch (Manuskript).

Georg Höckner studierte in Leipzig Mathematik. Durch seine Dozententätig-
keit und eine Fülle theoretischer Schriften hat er die Lebensversicherungs-
technik auf eine neue Grundlage gestellt. Georg Höckners hauptsächliche
Arbeit bei der „Alten Leipziger Lebensversicherung" galt der Einführung
eines „natürlichen Dividendensystems", was bald auch andere Versicherun-
gen übernahmen. → *Lebensdaten von Georg Höckner (1860-1936)*
Georg Höckner hinterließ ein umfangreiches wissenschaftliches und pub-
lizistisches Werk von über 80 Beiträgen in Fachzeitschriften, Büchern und
auf internationalen Fachkongressen.[23] Der ausgesprochen musikbegeisterte
Georg Höckner nahm als Student Cello-Unterricht und spielt bis kurz vor
seinem Tod sehr gern Kammermusik.[24] Er gab damit seinen Söhnen die mu-
sikalische Prägung, wobei besonders Hilmar Höckner bekannt wurde.

Musiker, Musikwissenschaftler und Musikpädagoge – Prof. Hilmar Höckner

Der 1891 in Leipzig geborene Hilmar Höckner wuchs in einem Elternhaus
auf, wo fast täglich musiziert bzw. geübt wurde. Vor dem sonntäglichen
Frühstück gab es ein Kammerkonzert des Vaters mit den Söhnen, bei dem die

---

23 Festschrift zu Ehren von Georg Höckner, Beiträge zur Versicherungsmathematik und Versicherungswirtschaft, Berlin 1935 (Quellenhinweis und Angaben von Ulrich Höckner).
24 Ebenda.

Lebensdaten von Georg <u>Hilmar</u> Höckner (1891-1968)

Ur-Urenkel von Johann Friedrich Höckner (1763-1832)

1917-1920 Musiklehrer an der Dürerschule in Hochwaldhausen (Vogelsberg) in Hessen, 1921-1923 neben dem Studium Lehrer für Musiktheorie/Musikgeschichte am Konservatorium, Musikkritiker in Freiburg i. Br.

1923 Hauptmusiklehrer am Landerziehungsheim Schloss Bieberstein (Rhein)

1928-1947 Leiter der Musik der deutschen Landerziehungsheime, er war Mitbegründer der Jugendmusikbewegung

1946-1951 Dozent für Musikpädagogik in Fulda und seit 1947 Musikberater beim hessischen Kultusministerium

1951-1961 Lehrbeauftragter, später Kursleiter an den Pädagogischen Instituten Jugenheim und Weilburg/Lahn

1961-1968 Ruhestand in Ortenburg bei Vilshofen

Geburt/Eltern: * 24.12.1891 in Leipzig, Vater: Georg Höckner (1860-1936), Mutter: Emma Fichtner (*1868) aus Leipzig

Ausbildung: 1911-1915 Studium am Leipziger Konservatorium und gleichzeitig Musikwissenschaften an der Leipziger Universität, 1921-1923 Fortsetzung musikwissenschaftliches Studium in Freiburg i. Br.

Heirat: oo am 24.12.1917 in Leipzig mit Martha Schoder, Pianistin, die Ehe war kinderlos

Bemerkungen: Er erhielt 1955 als erster die Goldplakette des Hessischen Ministers für Erziehung und Volksbildung. Er hinterließ ein umfangreiches Werk an Aufsätzen und Partituren. Bekannt ist sein der Bibliothek Fulda übergebenes Archiv.

Tod: † 24.01.1968 in Fürstenzell bei Passau

Quellen:
Heinrich Schumann: Hilmar Höckners Leben und Wirken, Stuttgart 1978.

Mutter die einzige Zuhörerin war.[25] Hilmar Höckners Lebenswerk geht aus seinen vielfältigen Berufstationen und den umfangreichen Publikationen hervor. Ihm lag zeitlebens die musische Ausbildung der Kinder in Schule und Freizeit am Herzen, weshalb er als Mitbegründer der Jugendmusikbewegung gilt. Georg Höckner besaß ein umfangreiches Musikarchiv, das er der Hessischen Landesbibliothek in Fulda übereignete. Ein interessantes Detail der deutsch-deutschen Geschichte stellt eine 1957 an der Universität Halle-Wittenberg vorgelegte Diplomarbeit dar, die den Titel „Hilmar Höckner

---

25 Siehe Höckner-Archiv in Fulda und Heinrich Schumann, Hilmar Höckners Leben und Wirken, in: Von der Klosterbibliothek zur Landesbibliothek – Beiträge zum zweihundertjährigen Bestehen der hessischen Landesbibliothek Fulda, Stuttgart 1978, S.433-472.

und seine Bedeutung für die Schulmusikerziehung" trägt.[26] So hat die DDR-Musikelite für die eigene Jugendmusikbewegung bei dem hessischen Wissenschaftler Erkenntnisse gesammelt.

Aber auch Hilmar Höckners Bruder Walter war als Musiklehrer und Musikantiquar tätig.[27] Er galt als Experte für alte Instrumente und war bei Museen gefragt. Der dritte Sohn Erich Höckner arbeitete in der Radiobranche und gründete 1932 in Leipzig eines der ersten Rundfunkgeschäfte Deutschlands. Seine Nachkommen gehören zur noch lebenden Höckner-Generation und werden im Kapitel „Die Höcknerfamilie im 21. Jahrhundert" behandelt. Hier gilt es noch auf einen Urenkel des letzten Stollberger Höckners hinzuweisen, der in Norddeutschland ein bekannter Maler wurde.

Der Musiker und Musikwissenschaftler Prof. Hilmar Höckner, Foto: Sammlung Ulrich Höckner

Ein Hanseate aus dem Erzgebirge
- Der Maler Rudolf Höckner

Der 1864 in Hilmersdorf geborene Rudolf Höckner kam mit sechs Jahren nach Dittersdorf und verlor dort schon ein reichliches Jahr später seinen Vater. Wie bei den Brüdern schon geschildert, lebte die Mutter mit den Kindern einige Jahre in Freiberg und danach in Leipzig.

Rudolf Höckners Lebensdaten geben die vielen Ausbildungsstationen wieder, zuletzt bei hochrangigen Lehrern als Landschaftsmaler in Weimar, wo

Selbstportrait Rudolf Höckner (1864-1942), Foto: Sammlung Ulrich Höckner

er auch seine Frau kennen lernte, die hier Gesang studierte. Nach Studienreisen mit Stipendien aufgrund eines hervorragenden Abschlusses zog das Paar von Weimar nach Norddeutschland. Sein Einkommen als freier Kunstmaler war bescheiden und die Malerei eigentlich erst möglich durch Unterstützung eines Kreises von Verehrern und Gönnern. Deshalb wirkte er auch als Reporter in Flensburg oder später als Redakteur in Hamburg stets nebenbei, zuletzt dann wieder hauptsächlich malend.

---

26   Schumann: Hilmar Höckners Leben und Wirken, S. 440.
27   Walter Höckner (Hg.), Carl Ditterst von Dittersdorf, Quintett C-Dur für zwei Violinen, Viola und zwei Violoncelli, ProMusicaVerlag, Leipzig.

Lebensdaten von Woldemar Rudolf Höckner (1864-1942)

Urenkel von Johann Friedrich Höckner (1763-1832)

1890-1891 Studienreisen als Maler nach Thüringen, Oberbayern, zur Mosel, Eifel, dem Harz, nach Oldenburg, Italien und Sizilien, an die Donau u. a.

1891-1895 freier Kunstmaler in Weimar, dann in Hamburg, Flensburg und Kiel

1895-1905 Reporter bei der Nord-Ostsee-Zeitung Flensburg, daneben Maler

1905-1915 Lokalredakteur bei den Hamburger Nachrichten, ab 1907 verstärkt als freier Maler in Niendorf/Hamburg

1915-1941 Kunstmaler in Wedel/Schleswig-Holstein, hier 1939 Ehrenbürger

Geburt/Eltern: * 28.07.1864 in Hilmersdorf, Vater: Adolph Woldemar Höckner (1827-1872), Mutter: Marie Sophie Hercher (1835-1889)

Ausbildung: Bürgerschule und Gymnasium in Freiberg, ab 1877 Thomasgymnasium zu Leipzig (Abitur), ab 1885 Studium der Theologie in Tübingen und Leipzig, ab 1886 Studium an der Kunstschule in Weimar (Landschaftsmaler), 1890 Abschluss mit Diplom und einem Stipendium für besondere Leistungen

Heirat: oo am 01.09.1891 in Flensburg mit Christine Louise Brigitte Ebsen, Tochter eines Navigationslehrers in Flensburg, * 08.07.1863 in Upenrade/Schleswig-Holstein, † 1941 in Wedel; die Ehe blieb kinderlos

Bemerkungen: Zahlreiche Gemälde, meist kleinformatige, dunkel gehaltene Landschaftsbilder mit Motiven aus der Hamburger Umgebung und Norddeutschland sind erhalten. In der Fachliteratur wird er u. a. als „einer der bedeutendsten Hamburger Impressionisten" bezeichnet, andere nennen ihn „den Maler der Stille", allein 250 Gemälde Rudolph Höckners besitzt die Stadt Wedel

Tod: † 22.04.1942 in Bad Mergentheim bei einem Kuraufenthalt, begr. in Wedel

Rudolf Höckners Landschaftsbilder wurden in vielen Ausstellungen im Hamburger Raum, aber auch in Berlin, Breslau, Stade, Leipzig, Freiburg und Dresden präsentiert. Es gelang ihm über Jahrzehnte, ohne seinen spätimpressionistischen Stil zu ändern, in bevorzugt herbst- und winterlichen Landschaftsstudien mit höchster Sensibilität für Farbnuancen und Lichtstimmungen die besondere Atmosphäre des Niederelberaumes zum Ausdruck zu bringen.[28] Neben einer Büste im Rathaus und der umfangreichsten Sammlung seiner Gemälde ehrt die Stadt Wedel ihren Ehrenbürger mit einem Rudolf-Höckner-Rundgang für Besucher der Stadt.

Interessant ist, dass Rudolf Höckner bei seinen Kuraufenthalten im letzten Jahr nach dem Tod der Frau neben Dresden-Klotzsche, Friedland/Sudeten

---

28   G. Kaufmann, Katalog zur Ausstellung Rudolf Höckner, Hamburg 1995.

auch mehrfach im erzgebirgischen Oberschlema weilte.[29] Damit ist der lesende Begleiter der Höckner-Familie wieder in Sachsen angekommen, um sich einem weiteren Enkel des letzten Stollberger Höckner zu widmen.

6. Ein Sohn bleibt Gutsbesitzer in der Lausitz
Adolph Otto Höckner (1830-1902) und seine Nachkommen

Der jüngste erwachsene Sohn von Johann Adolph Höckner, der 1830 in Weidlitz geborene, dort und in Nedaschütz aufgewachsene Adolph Otto Höckner erhielt nach dem Gymnasium in Bautzen die landwirtschaftliche Ausbildung auf dem Gut Langenrinne bei Freiberg. Nach einem Jahr ging die Ausbildung im Rittergut Loga weiter, das er von Jugend auf gut kannte, weil es unweit seines Geburtsortes Weidlitz liegt. Aber Loga sollte noch in anderer Weise für sein Leben Be-

deutung erlangen. Zunächst gefiel ihm die damals 15jährige Tochter des Besitzers, Christiane Lay, so gut, dass er sie später heiratete. Nochmals später erwarb er das Gut Loga von seinem Schwiegervater.

Herrenhaus des ehemaligen Rittergutes Loga,
Foto: Gunter Lasch 2009

Auch Adolph Otto Höckner folgte der Familientradition und stellte sich der Verantwortung als Beamter auf großen Gütern. Er arbeitete jeweils etwa ein Jahr in Großschweidnitz bei Löbau und in Krebs bei Pirna. Danach übernahm er ab 1851 die Verantwortung auf Hillgers Vorwerk, dem Gut seines Vaters in Langenrinne. Von 1856 an arbeitete er auch finanziell eigenverantwortlich, indem er das Gut Langenrinne pachtete.

---

29 Angaben von Ulrich Höckner.

Lebensdaten von Adolph <u>Otto</u> Höckner (1830-1902)

Enkel von Johann Friedrich Höckner (1763-1832)

1849 landwirtschaftlicher Beamter auf dem Rittergut Großschweidnitz bei Löbau

1850 landwirtschaftlicher Beamter auf dem Rittergut Krebs bei Pirna

1851-1857 Beamter auf dem Gut seines Vaters in Langenrinne (früher Hillgers Vorwerk)

1858-1868 Pächter des väterlichen Gutes in Langenrinne (früher Hillgers Vorwerk)

1869-1902 Besitzer des Rittergutes Loga bei Bautzen

Geburt/Eltern: * 28.05.1830 in Weidlitz, Vater: Johann Adolph Höckner (1794-1865), Rittergutsbesitzer in Nedaschütz und Langenrinne, Mutter: Caroline Wilhelmine Hering, aus Postelwitz bei Bad Schandau (*1794)

Ausbildung: Gymnasium in Bautzen bis 1847, erlernte die Landwirtschaft in Langenrinne und in Loga bis 1849

Heirat: oo am 19.10.1858 in Neschwitz mit Anna Christiane Lay, Tochter des Rittergutsbesitzers von Loga, * 08.06.1834 in Malritz, † 16.04.1922 in Loga

Kinder:

1. <u>Oskar</u> Otto Höckner, * 05.08.1858 in Hillgers Vorwerk, landwirtschaftlicher Beamter auf Gütern in der Oberlausitz, 1886-1905 Gutsbesitzer in Hainsberg bei Freital, danach Jäger in brandenburgischen und schlesischen Revieren, † 20.06.1925 in Beeskow, oo am 05.11.1892 in Naußlitz mit Gabriele Elise Schmalz, Tochter des Rittergutsbesitzers auf Goßwitz bei Löbau (* 05.04.1865 in Goßwitz, † 23.06.1931 in Radebeul), Ehe kinderlos, das Paar lebte getrennt, die Frau erwarb 1909 ein Haus in Radebeul

2. <u>Selma</u> Anna Höckner, * 27.01.1861 in Hillgers Vorwerk, † 16.02.1889 in Niederuhna (im Wochenbett), oo am 24.02.1885 in Neschwitz mit Hermann Georg Grimm, Gutsbesitzer in Niederuhna bei Bautzen (* 06.07.1855 in Doberschau bei Bautzen, † 22.02.1918 in Bautzen), Kinder aus dieser Ehe (* in Hillgers Vorwerk): a. Hermann Georg Grimm, b. Otto Victor Grimm; Witwer Georg Grimm oo II. Ehe in Bautzen mit Elisa Starke, Enkelin des bereits erwähnten Bürgermeisters Starke aus Bautzen, 2 Kinder aus dieser Ehe

3. <u>Kurt</u> Otto Höckner, * 14.11.1863 Hillgers Vorwerk, landwirtschaftlicher Beamter in Radmeritz bei Löbau und in Loga, Gutspächter in Milkwitz bei Bautzen, 1923 Gutsbesitzer in Bornow bei Beeskow, † 15.07.1925 Bad Wildungen, oo am 20.10.1904 in Freiberg mit Eleonore <u>Susanna</u> Lag, Tochter des Pächters in Hillgers Vorwerk (* 08.10.1874 in Hillgers Vorwerk), Kinder aus dieser Ehe: (*in Milkwitz) a. Curt <u>Rudolph</u> Höckner, * 10.09.1906, oo am 14.08.1937 in Dresden mit Erika Schuster, die Ehe später geschieden, b. Curt Horst Höckner, * 20.01.1911

4. <u>Johanna</u> Anna Höckner, * 24.06.1866, † 08.08.1866 in Hillgers Vorwerk

5. Anton Höckner, * 19.07.1867 in Hillgers Vorwerk, landwirtschaftlicher Beamter, Gutspächter, Gutsbesitzer, † 21.10.1935 in Loga → *Lebensdaten*

Tod: † 17.02.1902 in Loga

Schon Adolph Otto Höckner wirkte lange Jahre als Vorsitzender des Schulvorstands von Saritsch, dem Hauptort, zu dem Loga gehörte. Diese Aufgabe übernahm dann auch sein Sohn Anton Höckner, der sich 1913 um den Bau einer neuen Schule in Saritsch verdient machte.[30]
Zum Rittergut Loga gehörte ein Steinbruch. Von diesem Höcknerschen Bruch kamen u.a. die Steine, aus denen das Ehrenmal für die Gefallenen von 1914-1918 mitten im Ort aufgerichtet wurde. Als erste Namen sind darauf Curt Höckner und Otto Höckner eingemeiselt, die Söhne des Gutsbesitzers Anton Höckner. Einer von beiden hätte sicherlich das Gut weiterführen sollen.

Ausschnitt vom Gefallenendenkmal auf dem Friedhof Neschwitz mit den Namen von Otto und Curt Höckner

So erwarb der zukünftige Schwiegersohn Friedrich Karl Haase (*1893), der 1925 Anna Augusta Höckner (*1895) heiratete, das Rittergut Loga, wobei die Gemeinde Loga 1924 aus diesem Verkauf so viel Grunderwerbssteuer einnahm, dass eine zentrale Wasserversorgung gebaut werden konnte.[31] Anton Höckner starb 1935 in Loga, sodass ihm die zehn Jahre später erfolgte Enteignung des Anwesens und die Zerstörung der Wirtschaftsgebäude erspart blieb.

Lebensdaten von Anton Höckner (1867-1935)
Urenkel von Johann Friedrich Höckner (1763-1832)

1889 Beamter auf einem Gut in Weselitz/Uckermark
1890-1894 Beamter in Röhrsdorf bei Dresden und im elterlichen Loga
1894-1906 Pächter des Rittergutes Ober-Moys bei Görlitz
1906-1924 Besitzer des Rittergutes Loga

Geburt/Eltern: * 19.07.1867 in Hillgers Vorwerk, Vater: Adolph Otto Höckner (1830-1902), Mutter: Anna Christiane, geb. Lay, aus Loga (1824-1922)

Ausbildung: Gymnasium Bautzen bis 1886, erlernte die Landwirtschaft bei seinem Vater in Loga und beim Onkel in Hillgers Vorwerk bis 1888, 1 Jahr Militärdienst

Heirat: oo am 18.06.1894 in Freienwalde mit Annie Mary Schubert, Tochter eines

30 Cornelia Müller u. a., Gemeindechronik Neschwitz, Neschwitz 2009, S. 222.
31 Ebenda, S. 223.

Privatmanns in Freienwalde, * 20.04.1878 in Conception in Texas/USA, † 10.01.1920 in Loga

Kinder:

1. Anna Augusta Höckner, * 06.05.1895 in Ober-Moys, † in Westdeutschland, ∞ am 27.01.1925 in Loga mit Friedrich Karl Haase, Rittergutsbesitzer auf Loga, hatte 1924 das Gut vom künftigen Schwiegervater käuflich erworben (* 14.01.1893 in Tautzendorf bei Leisnig, † in Westdeutschland), Kinder aus dieser Ehe (alle * in Loga, ~ in Neschwitz): a. Curt Otto Friedrich Haase, * 28.11.1925, b. Ina Susanna Haase, * 30.05.1928, † 03.04.1931 in Loga, c. Friedrich Hermann Haase, * 14.12.1929 in Loga

2. Curt Anton Höckner, * 05.05.1897 in Ober-Moys, † 08.11.1918 im Kriegslazarett Antwerpen (nach schwerer Schussverletzung am 25.10.1918), war vorher sowohl an der Westfront als auch in Russland verwundet worden

3. Anton Otto Höckner, * 22.07.1899 in Ober-Moys, † gefallen am 13.08.1918 bei Arras nahe Wancourt (durch Granatsplitter getötet)

4. Anna Dorothea Höckner, * 17.09.1901 in Ober-Moys, † 09.02.1902 in Ober-Moys

Tod: † 21.10.1935 in Loga, begr. in Neschwitz

Die letzten Besitzer von Loga, Karl Haase und seine Frau Anna geb. Höckner sowie die beiden Söhne, wurden 1945 enteignet und flohen nach Westdeutschland. Sie entgingen damit dem traurigen Schicksal vieler Gutsbesitzer dieser Gegend, die unter den neuen Machthabern nicht nur ihr Land und ihre Häuser, sondern etliche auch ihr Leben verloren.[32]

7. Gerichtsherren, Forstbeamte, Pfarrer und Lehrer

Die Altenburger Höckner-Linie

Es war bisher nicht herauszufinden, wieso der Stollberger Friedrich Ernst Höckner (1717-1805) Gerichtsherr zu Oberzetzscha im Altenburger Land wurde. Möglicherweise drang die Information, dass das Gut zum Verkauf stand, bis ins Erzgebirge. Die Gegend liegt auch am Weg von Stollberg nach Naumburg, den die Höckners häufiger nutzten. Seine Nachkommen sollen und können im hier folgenden Abschnitt nicht vollständig genealogisch aufgearbeitet werden, sondern nur bestimmte Linien Berücksichtigung finden, die zu interessanten, teils auch regional bedeutsamen Persönlichkeiten führen.[33]

---

32 Nach Informationen von Arnd Lehmann, Neschwitz.
33 Für vielfältige Hinweise und Unterstützung mit Literatur gilt Barbara Löwe, Altenburg, Günter Hummel, Neumark, Erhard Grünberg, Oberzetzscha sowie Pfarrer Detlev Herfurth, Treben, herzlicher Dank.

Friedrich Ernst Höckner jedenfalls residierte als Gerichtsherr auf dem Rittergut Oberzetzscha, das er entweder selbst führte oder verpachtet hatte, wobei Letzteres sicher für seine späten Lebensjahre gilt. Das Schumannsche Postlexikon von 1820 schreibt zu Oberzetzscha: *„ein Dorf und schriftsässiges Rittergut im Fürstenthum Sachsen-Altenburg, im Kreisamte Altenburg, ¾ Stunde nordwestnördlich von Altenburg, am großen Gerstenbache gelegen. Es hat 21 Häuser und 132 Einwohner ... Der Ort ist nach Zschernitz eingepfarrt...“*.

Es wurde schon erwähnt, dass zwei Söhne des Oberzetzschaer Gerichtsherrn Forstwirtschaft studierten. Der ältere Carl Friedrich Gottlob Höckner (1759-1824) begann als Reuß-Lobensteiner Forstsekretär und übernahm am 21. Juli 1791 für 18.300 Reichstaler das väterliche Rittergut. Zum Gut gehörten über 111 ha Fläche. Der Viehbestand war vermerkt mit vier Arbeitspferden, 18 Kühen, 76 Schafen, 12 Schweinen, 22 Gänsen, 20 Hühnern einschließlich zwei Hähnen, elf Enten, vier Ziegen und einem *„Flug Tauben von ohngefähr 100 Paaren."*[34] Die Familie Höckner bewohnte das stattliche Herrenhaus, 1567 im Renaissance-Stil erbaut für Caspar von Starke. Das zweigeschossige massive Wohnhaus trägt ein gaubenbesetztes Satteldach. Blickfang dieses Gebäudes mit überregionaler kunstgeschichtlicher Bedeutung sind die beiden in typischen Renaissance-formen gestalteten Giebel sowie die vorgebaute zweiläufige Freitreppe. Das in den letzten Jahren außen wieder hergestellte Kulturdenkmal wird gegenwärtig im Innern res-

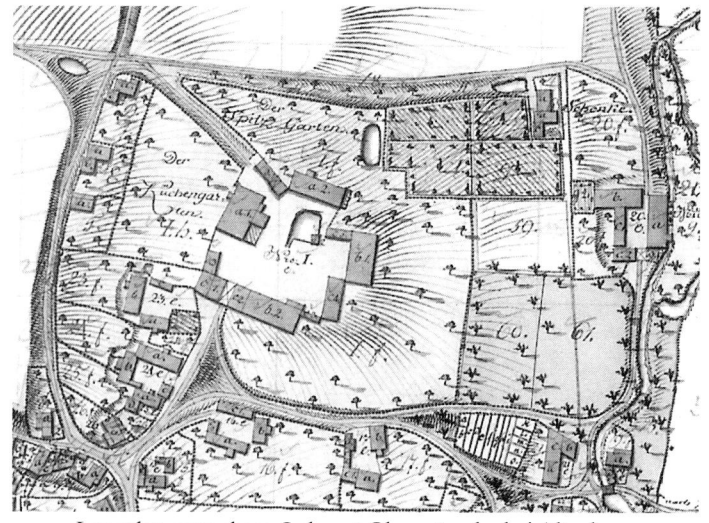

Lageplan vom ehem. Lehngut Oberzetzscha bei Altenburg

34 Wolf/Nienhold, Rittergüter im Altenburger Land.
35 Erläuterungstafel am Herrenhaus Oberzetzscha.
36 Wolf/Nienhold, Rittergüter im Altenburger Land.

146

tauriert, wo Wandgemälde und Holzbalkendecken der Erbauungszeit erhalten sind. Diese künstlerisch bedeutenden Wand- und Deckenmalereien sind als Roll- und Beschlagwerk sowie als Ranken- und Figurendekoration ausgeführt.[35] Zum Rittergutshof gehörten verschiedene Ställe und Scheunen, ein Brauhaus, mehrere Gärten, darunter ein Lustgarten. Ein separates Wohnhaus diente dem Pächter, der die eigentliche landwirtschaftliche Arbeit auf dem Rittergut organisierte und leitete.

Carl Gottlob Höckner musste 1799 einen großen Teil der Ackerflächen an Bauern des Dorfes verkaufen, um die Ansprüche seiner Geschwister zu befriedigen. Nach dem Tod des Vaters 1805 verkaufte er am 3. Mai 1806 das Rittergut für 36.000 Reichstaler an Johann Michael Gäßner, übernahm im Tausch dessen Gut und wurde Erb-, Lehn- und Gerichtsherr auf Auligk/Oberteil.[36] Auligk liegt im Elstertal zwischen Pegau und Zeitz. Carl Gottlob Höckner verstarb am 27. Oktober 1824 im unweit gelegenen Tannewitz.

Wir wenden unsere Aufmerksamkeit wieder dem Altenburger Land zu und insbesondere Oberförster Theodor Höckner. Im Jahr 1763, als in Stollberg die Zwillinge Johanne Charlotte und Johann Friedrich Höckner als letzte hiesige Vertreter ihrer Sippe zur Welt kamen, wurde im Rittergut Oberzetzscha ihr Cousin Amatus Theodor Höckner geboren. Dieser Theodor Höckner heiratete 1799 als Forstadjunkt von Zschernischen. Er blieb zeitlebens auf diesem großen Revier des Leinawaldes östlich von Altenburg, wo er zuletzt als Oberförster wirkte. → *Lebensdaten Amatus Theodor Höckner (1763-1828)*

Lebensdaten Amatus Theodor Höckner (1763-1828)
Herzoglich-sächsischer Oberföster in Zschernichen bei Altenburg

Geburt/Eltern: * 11.04.1763 in Oberzetzscha, beide Eltern aus Stollberg gebürtig, Vater: Friedrich Ernst Höckner (1717-1805), Lehngerichtsherr in Oberzetzscha, Mutter: Charlotte Dorothea Liebe (1731-1809), Tochter des Stollberger Amtmanns Liebe

Heirat: oo am 29.11.1799 in Altenburg mit Maria Henriette Lösch, * 05.09.1763 in Altenburg, † 15.11.1832 in Altenburg

Kinder:
1. Gustav, */† 1800 in Zschernichen a. d. Leina
2. Carl Heinrich Ferdinand Höckner, * 02.01.1803 in Zschernichen, Pfarrer in Treben bei Altenburg, † 10.05.1885 in Treben → *Lebensdaten*
3. Wilhelm Julius Höckner, * 30.01.1803 in Zschernichen, Ökonomierat in Balgstädt, † 27.08.1886 in Weimar → *Lebensdaten*

Tod: † 16.04.1826 in Altenburg

Von seinen zwei erwachsen gewordenen Söhnen studierte der jüngere Julius Höckner Landwirtschaft und übernahm als Ökonomierat in Balgstädt bei Weimar die Leitung des dortigen Rittergutes, nachdem er die Tochter des Besitzers geheiratet hatte. Seine Lebensdaten sind hier aufgenommen, um für weitere Familienforschungen Ansatzpunkte zu bieten.
→ *Lebensdaten von Wilhelm Julius Höckner (1803-1886)*

Lebensdaten von Wilhelm <u>Julius</u> Höckner (1803-1886)
Ökonomierat in Balgstädt, auch Amtmann
1840-1851 Pachtinhaber von Rittergut Balgstädt
lebte nach 1852 in Weimar

Geburt/Eltern: * 30.01.1803 in Zschernichen bei Altenburg, Vater: Theodor Amatus Höckner (1763-1828), Oberförster in Zschernichen, Mutter: Maria Henriette Lösch (1763-1832) aus Altenburg

Heirat: oo am 02.10.1839 in Balgstädt mit Gertrud Sophia Thekla von Sperling, * 10.10.1818 in Balgstädt, † 05.09.1876 in Weimar

Kinder:
1. Ernst <u>Hermann</u> Höckner, * 19.04.1840 in Balgstädt, †1864 in Weimar
2. Felix <u>Walther</u> Höckner, * 02.02.1842 in Balgstädt, †1863 in Weimar
3. Elisabeth Höckner, * 23.04.1843 in Balgstädt, †1864 in Balgstädt
4. Georg <u>Karl</u> Höckner, * 23.02.1845 in Balgstädt, † 24.04.1895
5. <u>Paul</u> Hugo Höckner, * 07.08.1846 in Balgstädt, Generalleutnant, † 1930
6. Maria Theresa <u>Margaretha</u> Höckner, * 22.05.1854 in Weimar

Bemerkungen: Julius Höckners Ehefrau Thekla, geb. von Sperling, war Tante der Frau des Reichspräsidenten von Hindenburg.

Tod: † 27.08.1886 in Weimar

Julius Höckners älterer Bruder Ferdinand Höckner studierte in Jena und Halle Theologie, wirkte zunächst als Lehrer und danach fast 50 Jahre als Diakon bzw. Pfarrer in Treben[37] bei Altenburg. Der schon 1181 erwähnte Ort Treben befindet sich knapp 10 km nördlich von Altenburg. Treben war mit seinem Rittergut (Schloss) kirchlich und verwaltungsmäßig Mittelpunkt der umliegenden Dörfer. Ab dem ausgehenden Mittelalter war hier eine Linie derer von Bünau ansässig, zu Ferdinand Höckners Zeiten war es die Familie Nordmann. Die Trebener Predigtkirche ist ein gotischer Bau, zwischen

---

37 Hans Patze, Zur Geschichte des Pleißengaues im 12. Jahrhundert auf Grund eines Zehntverzeichnisses des Klosters Bosau, in: Blätter für deutsche Landesgeschichte, Bd. 90, 1953,

1461 und 1473 errichtet, mit Gewölben im Chor und im Schiff. Der barocke Kanzelaltar aus dem Anfang des 18. Jahrhunderts wird vom auferstandenen Christus im Strahlenkranz bekrönt. Von diesem Altar hat Ferdinand Höckner viele Jahrzehnte Gottes Wort verkündigt.

Neben seinen Aufgaben als Geistlicher wurde er durch etliche historische Veröffentlichungen sowie als Mitglied

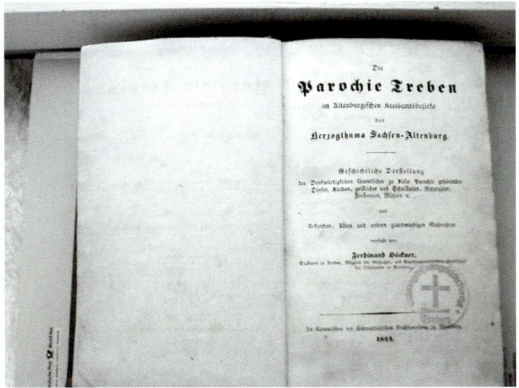

Titelblatt des Buches „Die Parochie Treben" von Ferdinand Höckner

der „Geschichts- und Alterthumsforschenden Gesellschaft des Osterlandes zu Altenburg" bekannt. Regional- und kirchengeschichtlich bedeutsam ist die von ihm verfasste Chronik „Die Pachorie Treben" aus dem Jahr 1844. Auf 206 Seiten werden viele Dörfer gründlich behandelt, teilweise mit ausführlichen Häuserchroniken, sodass dieses Buch noch heute als Standardwerk der Historiker, Heimat- und Familienforscher genutzt wird.[38]

Lebensdaten Karl Heinrich <u>Ferdinand</u> Höckner (1802-1885)

1826-1832 Lehrer in Altenburg
1832-1881 Diakon in Altenburg, gleichzeitig Pfarrer zu Treben

Geburt/Eltern: * 07.01.1802 in Zschernichen, Vater: Theodor Amatus Höckner (1763-1828), Oberförster in Zschernichen bei Altenburg, Mutter: Maria Henriette Lösch (1763-1832) aus Altenburg

Ausbildung: Gymnasium Altenburg, Universität Jena, später Universität Halle

Heirat: oo am 24.10.1836 in Altenburg mit Friederika Maria Schulze, * 02.06.1815 in Altenburg, † 20.05.1874 in Treben

Kinder:

1. Hedwig Magdalena Höckner, * 10.11.1837 in Treben, † 17.08.1922 in Altenburg
2. Ferdinand <u>Johannes</u> Höckner, * 28.01.1838 in Treben, † 23.09.1880
3. Ferdinand <u>Joseph</u> Höckner, * 13.12.1842 in Treben, † 17.06.1910 in Altenburg, Zivilingenieur, oo am 22.09.1884 in Penig mit Maria Clara Wilhelmine Schöffel (* 05.08.1856 in Penig), Kinder aus dieser Ehe: a. Johanna Höckner, * 28.01.1885

in Altenburg, b. <u>Hans</u> Joseph Höckner, * 12.01.1886 in Altenburg, Gewerbeober-lehrer, Heimatforscher in Altenburg, † 31.07.1978 in Altenburg → *Lebensda-ten* c. Fritz Joseph Höckner, * 23.10.1887 in Altenburg, d. Charlotte Höckner, * 04.02.1889 in Altenburg, e. Marianne Höckner, * 14.09.1891 in Altenburg, f. Carl Joseph Höckner, * 22.11.1892 in Altenburg, †gefallen am 21.03.1914 in Frank-reich
4. Ferdinand <u>Stephan</u> Höckner, 1877 als Buchhändler genannt
Bemerkungen: Ferdinand Höckner war Mitglied der Geschichts- und Alterthums-forschenden Gesellschaft des Osterlandes zu Altenburg.
Veröffentlichungen Ferdinand Höckners: Die Parochie Treben im Kreisamtsbezirk Altenburg, 1844; Nachtrag zur Geschichte der Parochie Treben. In Commission der Buchhandlung von Stephan Höckner 1877.
Tod: † 10.05.1885 in Treben

Quellen:
Handschriftlicher Brief von Magdalena Höckner aus dem Jahr 1862 an ihre Mutter Frau Pastor Höckner in Treben bei Altenburg (Original im Thüringischen Staatsar-chiv Altenburg, Nachlass Höckner).
Ferdinand Höckner, Die Parochie Treben im Kreisamtsbezirk Altenburg, Treben 1844.

Ein Enkel Ferdinand Höckners trat, was die Historie betraf, in dessen Fuß-stapfen. Der 1886 in Altenburg geborene Hans Höckner wirkte im Haupt-beruf als Oberlehrer an der Gewerbeschule. Ehrenamtlich arbeitete er von Jugend an bis ins hohe Alter als Heimatforscher, Archäologe und Boden-denkmalpfleger im Altenburger Land, mit seinem Wissen und Engagement auch bei den studierten Historikern und Archäologen hoch geschätzt.
Das Leben Hans Höckners, insbesondere seine wissenschaftlichen Leistun-gen sind von Dr. Günter Keil ausführlich gewürdigt worden.[39] Dort findet sich auch ein umfassendes Verzeichnis seiner sowohl qualitativ als auch quantitativ beachtlichen Veröffentlichungen.

---

38 Ferdinand Höckner, Die Pachorie Treben, 1844.
39 Günter Keil, Hans Höckner ein bedeutender Wissenschaftler Altenburgs, in: Altenburger Geschichts- und Hauska-lender 1997, S. 205-211.

Lebensdaten Joseph Hans Höckner (1886-1978)

Lehrer (Gewerbeoberlehrer), Wissenschaftler und Heimatforscher in Altenburg

Geburt/Eltern: * 12.01.1886 in Altenburg, Vater: Ferdinand Joseph Höckner (1842-1910), Ingenieur in Altenburg, Mutter: Maria Clara Wilhelmine Schöffel aus Penig (*1856)

Heirat: oo am 08.05.1915 in Wintersdorf mit Klara Flora Gräfe, * 22.07.1886 in Wintersdorf

Kinder:
1. Waltraud Höckner, * 05.05.1918 in Wintersdorf
2. Annaliese Höckner, * 14.06.1920 in Altenburg

Tod: † 31.07.1978 in Altenburg

Quellen:
Günter Keil, Hans Höckner ein bedeutender Wissenschaftler Altenburgs, in: Altenburger Geschichts- und Hauskalender 1997, S. 205-211,
Nachlass Hans Höckner im Thür. Staatsarchiv Altenburg.

8. Schneider, Weber, Stickereifabrikanten

Die Plauener Höckner-Linie und ihre Zweige

Diese Linie könnte auch Oelsnitz/Erzgebirge genannt werden, wo die bislang gefundenen Ursprünge liegen, jedoch hat sich wegen einiger Persönlichkeiten und einer umfänglichen vogtländischen Verwandtschaft der Name Plauener Linie durchgesetzt.[40] Der Schneider Michael Höckner ist bislang der älteste sicher belegbare Vertreter dieser Linie. Sein gleichnamiger Vorfahr (Großvater) wird, wie im Abschnitt „Schneider und Tuchmacher" beschrieben, als Bruder von Hans Höckner (1577-1655) vermutet. Ein Beweis kann wegen der in dieser Zeit in Oelsnitz fehlenden Kirchenbücher nur mit anderen Quellen[41] gebracht werden.

→ *Lebensdaten von Michael Höckner (um1640-1713)*

---

40   Die Bezeichnung „Plauener Linie" bestand schon, bevor der Autor die Verbindung ins erzgebirgische Oelsnitz ermitteln konnte, weil bis dahin eine falsche Angabe im Kirchenbuch Oberlungwitz nach Lößnitz führte.

41   Z. B. Gerichts- und Kaufbücher, Kirchenbücher der Nachbarorte, dabei insbesondere die Patenregister.

Lebensdaten von Michael Höckner (um1640-1713)

Schneider und *Grünhainischer Beywohner* in Oelsnitz/Erzg. (Einwohner im Grünhainischen Teil des damaligen Dorfes Oelsnitz)

Geburt: * um 1640

Heirat: oo um 1665 mit Maria NN, † Januar 1722 in Oelsnitz

Kinder:
1. Paulus Höckner, * um 1670, Grünhainischer Einwohner in Oelsnitz/Erzg., 1704 Höfischer Einwohner in Oelsnitz, 1723 Einwohner in Bernsdorf, oo I. Ehe 1698 mit Rosina Günther aus Oelsnitz, (* errechn. 1667, † 25.04.1702), oo II. Ehe 1703 mit Maria Seyffert aus Hartenstein, Kinder: 1 Sohn.
2. David Höckner, * errechn. 01.10.1680 vermutl. in Oelsnitz/Erzg., zuletzt Bürger und Einwohner in Ernstthal, † am 02.05.1741 in Ernstthal → *Lebensdaten*
3. Abraham Höckner; * um 1675-1685 vermutl. in Oelsnitz/Erzg., Beiwohner und Schneider in Oelsnitz/Erzg., später vermutl. in Oberlungwitz oder Ernstthal, oo 1707 in Oberlungwitz mit Catharina Schindler aus Oberlungwitz
4. Georg Höckner; * vor1695, *Grünhaynischer Erbansässiger Einwohner in Oelsnitz* und zu Gersdorf, auch Kräuter-Arzt, oo Jan. 1715 in Pegau mit Anna Kluge

Tod: †/begr. 12.03.1713 in Oelsnitz, 73 Jahre alt

Quellen:
Kirchbuchangaben aus Oelsnitz/Erzg., Oberlungwitz und Ernstthal

Ebenso würde die weitere Bearbeitung der Söhne des belegten Michael Höckner neue Erkenntnisse bringen. Hier konnten nur die Daten von dessen Sohn Johann David ermittelt und damit der Anschluss zu bestehenden Ergebnissen der Familienforschung[42] hergestellt werden.

→ *Lebensdaten von David Höckner (1680-1741)*

Gleich zwei Söhne des Ernstthaler Zeug-, Lein- und Wollwebermeisters Johann David Höckner zogen nach Plauen, nämlich der am 7. Januar 1753

Lebensdaten von David Höckner (1680-1741)

Bürger und Einwohner in Oberlungwitz, später in Ernstthal

Geburt/Eltern: * errechn. 01.10.1680 vermutl. in Oelsnitz/Erzg., Vater: Michael Höckner (1640-1713), Schneider in Oelsnitz/E., Mutter: Maria NN (um1645-1722)

Heirat: oo am 24.01.1709 in Oberlungwitz mit Catharina Susanna Lässig, Tochter eines Bauern in Abtei Oberlungwitz

---

42   Ulrich Höckner, Die Geschichte der Familie Höckner – Plauener Linie (Manuskipt).

geborene Johann August sowie der am 4. Mai 1766 geborene Johann Friedrich Carl, sodass es genau genommen zwei Plauener Höckner-Linien gibt, die in dieser Arbeit nur partiell behandelt werden können. Dazu sind die Lebensdaten der beiden in Ernstthal geborenen Höckner zusammengestellt. → *Lebensdaten von Johann August Höckner (1753-1825) und Johann Friedrich Carl Höckner (1766-1802)*

Lebensdaten von Johann August Höckner (1753-1825)
Bürger und Einwohner in Plauen

Geburt/Eltern: * 07.01.1753 in Ernstthal, Vater: Johann David Höckner (1721-1772), Zeug-, Lein- und Wollwebermeister in Ernstthal, Mutter: Susanne Triemer (1724-1789)
Heirat: oo am 01.02.1776 in Plauen mit Erdmuthe Christine Gräbner, * 07.01.1755, † 14.10.1819 in Plauen
Tod: † am 13.11.1825 in Plauen

Die Nachkommen der beiden aus Ernstthal nach Plauen gezogenen Höckner verzweigten sich vielfältig, sodass neben der umfangreichen Plauener Verwandtschaft neue Linien entstanden, wie z. B. die Schmöllner, Chemnitzer und Berliner Linie. Eine detaillierte Darstellung versagt sich aus naheliegenden Gründen und bleibt der weiteren Familienforschung vorbehalten. In der Stadt Plauen waren etliche Höckner führend in der Textilbranche tätig. So besaß Reinhard Hermann Höckner (1857-1927) eine Stickerei- und Spitzenfabrik.
Ein markanter Vertreter der Plauener Linie war der Lehrer und Schuldirektor Karl Friedrich Höckner, nach dem eine Straße in Plauen benannt war. Sein Engagement kennzeichnen Aufgaben wie Stadtverordneter, Kirchenvorsteher,

Friedensrichter, Leiter der Lehrerkrankenkasse und seine Mitgliedschaft im Schul- und Armenausschuss. Er setzte sich für die Einheitsschule und die Turnbewegung ein, kümmerte sich besonders um die sozial Schwachen.[43]

9. Die Höcknerfamilie im 21. Jahrhundert

Stollberg als Heimat der Vorfahren wiederentdeckt

Die Nachkommen der aus Stollberg stammenden Familie Höckner sind heute in fast allen Regionen Deutschlands und darüber hinaus in vielen Ländern ansässig, beispielsweise in den USA, in Schweden, Portugal, Spanien und Österreich. Zur weitverzweigten Familie Höckner gehören sicherlich noch mehr Personen als die gegenwärtig erfassten. Schon vor über 100 Jahren hatten sich die Höckner-Nachkommen bei groß angelegten Zusammenkünften getroffen, zum ersten Mal 1897 im Freiberger „Hotel de Saxe". Im 20. Jahrhundert mit seinen schlimmen Kriegen, bei denen auch viele Höckner-Söhne fielen, und auch wegen der Teilung Deutschlands verlor man sich etwas aus den Augen. Zwischen etlichen Höckner-Nachkommen in Westdeutschland gab es recht engen Kontakt und Winfried Höckner in Olpe führt das Archiv der Familienforschung seines Vaters weiter.

---

43   Ausführliche Angaben in der Faktensammlung Familie Höckner beim Autor.

Mit einer Anfrage von Ulrich Höckner bei der Stadt Stollberg kam neue Bewegung in die Aufarbeitung der Familiengeschichte. Die Anfrage landete auf Umwegen beim Autor, der neben den reinen genealogischen Daten die Chance einer neuen stadtgeschichtlichen Aufarbeitung für Stollberg sah. Erstmalig standen die Kirchenbuchdaten in aufbereiteter Form zur Verfügung und vermittelten, ergänzt durch systematisch aufgesuchte Leichenpredigten, ein detailliertes Bild der familiären Zusammenhänge, selbst wenn nicht alle Fragen bis ins Letzte zu klären waren. Die Frage, was aus den Stollberger Höckners geworden ist, stand nach einiger Zeit des Forschens plötzlich im Mittelpunkt. Im Thüringer Staatsarchiv Altenburg wurde die als Manuskript 1897 gedruckte Chronik von Carl Adolph Elisa Höckner gefunden und ausgewertet, bevor Ulrich Höckner in Olpe in ein weiteres Exemplar Einsicht nehmen konnte. In Gemeinschaftsarbeit von Ulrich Höckner und dem Autor fügte sich das genealogische Gesamtbild der Stollberger Höckner und der aus der Vaterstadt Weggezogenen zusammen. Inzwischen befruchtete der Stollberger Pfarrer Andreas Dohrn, ohnehin mit der Vorbereitung des 350-jährigen Kirchweih-Jubiläums im Herbst 2009 befasst und an der Höckner-Thematik interessiert, die Arbeiten mit dem Vorschlag, Höckner-Nachkommen zum Jubiläum einzuladen. Das erwies sich schließlich beim Treffen im Oktober 2009 in Stollberg als vielfältiger Gewinn für beide Seiten. Ein gutes Dutzend an Höckner-Nachkommen entdeckte die Stadt Stollberg als Heimat der Vorfahren ganz neu.

Weitgereiste Gäste der Familie Höckner anlässlich des 350-jährigen Jubiläums von St. Jakobi im Okt. 2009 am Höckner-Epitaph, Foto: Sammlung Ulrich Höckner

Am Schluss soll mit Dank und Freude der Gruß von Herrn Ralph Höckner weitergegeben werden, den er am Geburtstag Ernst Höckners, dem 13. Juli 2010, aus einem Krankenhaus in Schweden an die Stollberger gerichtet hat. Zwar mit zittriger Hand, aber in der dem Architekten geläufigen Schrift mit markanten Großbuchstaben steht geschrieben:

ZUM 400. GEBURTSTAG VON
JOHANN ERNST HÖCKNER
(AM 13. JULI 1610)
AM 13. JULI 2010
GRATULIEREN WIR IHNEN
UND IHRER FAMILIE UND
IHRER GEMEINDE SEHR
HERZLICH. FAM. HÖCKNER

WIR DANKEN IHNEN UND IHRER
GEMEINDE FÜR DIE HERZLICHE AUF-
NAHME UND DIE WIRKLICH SCHÖNE
HÖCKNER FEIER MIT THEATERSTÜCK,
IM VORIGEM JAHRE. ICH WAR LEIDER
KRANK UND BIN Z.B. AUCH IM KRAN=
KENHAUS, HOFFE ABER IM SEPTEMBER
AUCH IN STOLLBERG MITFEIERN ZU
KÖNNEN. ES GRÜSST GANZ HERZLICH
RALF HÖCKNER UND SEINE FAMILIE

LUND, DEN 11. JULI 2010

Michael Wetzel/ Gunter Lasch

„*Die Hinterlassenen gedenken…*" – *Das Höckner-Epitaph in der Stollberger Stadtkirche St. Jakobi*

Was die Nachwelt aus einem Abstand von nahezu dreieinhalb Jahrhunderten als das besondere Verdienst Johann Ernst Höckners betrachtet, ist in ganz ähnlicher Form bereits den Weggefährten des Stollberger Ratsherrn bewußt gewesen. Die Würdigung Höckners durch seine Zeitgenossen fand ihren zweifellos stärksten Ausdruck in künstlerischer Form. Drei Jahre nach seinem Ableben, im Jahr 1672, entstand für Johann Ernst Höckner in der Jakobikirche ein Gedächtnismonument, das den Dargestellten als Organisator für den Wiederaufbau des kriegszerstörten Gotteshauses preist. Das nur noch in Teilen vorhandene Höckner-Epitaph gilt heute als Stollbergs bedeutendstes barockes Kunstwerk. Es geht auf Johann Heinrich Böhme d. Ä. (1636-1680) zurück, dessen künstlerisches Schaffen richtungsweisend für die Entwicklung der sächsischen Barockplastik war.

Der Künstler Johann Heinrich Böhme d. Ä.

Johann Heinrich Böhme d. Ä. entstammte einer über drei Generationen in Schneeberg tätigen Bildhauerfamilie, durch deren Wirken sich die Stadt als bedeutendes Zentrum sächsischer Barockkunst etablieren konnte. Als eigenständige Künstlerpersönlichkeit trat bereits sein Vater Johann (1595-1667) in Erscheinung. Die von ihm geschaffenen Altäre und Epitaphien setzten die klassisch-italienische Tradition der Dresdner Bildhauerschule um Giovanni Maria Nosseni und Sebastian Walther fort. Johann Heinrich d. Ä., am 5. Juli 1636 als sechstes Kind Böhmes geboren, lernte seit 1647/48 in der väterlichen Werkstatt und wurde dort mit dem „klassizierenden" Stil seines Lehrmeisters bekannt. Starken Einfluß gewannen auch auswärtige Eindrücke, besonders die Kenntnis des niederländischen Barockstils. Indem Böhme dessen wesentliche Stilprinzipien übernahm, gab er der sächsischen Bildhauerkunst ein völlig neues Gepräge und vollzog deren Übergang zum Frühbarock. Seine Arbeiten fertigte der Bildhauer in verschiedenen Materialien, vornehmlich in Stein, Alabaster, Marmor, Stuck und Holz. Es sind aber auch Werke in Eisenguß bekannt.

157

Allerdings währte seine Künstlertätigkeit nur 18 Jahre. 1680 starb Böhme, erst 44jährig, in Weißenfels an der Auszehrung. Zu seinen wichtigsten Werken gehören das Epitaph Hahn-Decker in der Zwickauer Marienkirche (1674), der Altar der Stadtkirche Hainichen (1674) und der Altar für die Schloßkirche Weißenfels (1675-1680, unvollendet, fortgesetzt von Balthasar Stockhammer).[1] Damit reichte Böhmes Tätigkeit einerseits weit über das Erzgebirge hinaus, andererseits umfaßte es neben bürgerlichen Aufträgen auch eine ganze Reihe fürstlich-höfischer Arbeiten, wie das Beispiel der Residenzstadt Weißenfels zeigt. Bis 1680 beherrschte Böhmes Werkstatt, aus der zahlreiche Schüler hervorgingen, das plastische Kunstschaffen im gesamten sächsischen Raum.[2]

Von seinen zwölf Kindern setzte Johann Heinrich d. J. (1663- nach 1710) die Bildhauertradition der Familie fort. Stilistisch löste er sich von seinem Vater und vollzog die Hinwendung der sächsischen Skulptur zum römischen Hochbarock. Das regional bekannteste Werk Johann Heinrich Böhmes d. J. ist der Kanzelaltar für die Dreifaltigkeitskirche in Carlsfeld (1687/88).

Johann Heinrich Böhme und Stollberg

Für die Stollberger Stadtgeschichte darf es als recht bemerkenswert gelten, daß mit Johann Heinrich Böhme d. Ä. der namhafteste erzgebirgische Bildhauer seiner Zeit mit der Schaffung des Höckner-Epitaphs beauftragt wurde. Dabei war das Grabmonument nicht die erste Arbeit, die der Künstler für Stollberg schuf. Bereits 1662, also zehn Jahre vor dem Höckner-Epitaph, fertigte Böhme das sogenannte Blühersche Kruzifix an, das ebenfalls seinen Platz in der Jakobikirche erhielt. Dieses aus Holz geschnitzte Kreuz mit dem lebensgroßen Körper Christi stand bis 1840 auf dem Altarplatz am Ende des Mittelganges im Kirchenschiff und wurde dann anläßlich der Erneuerung der Kirche entfernt. Später kehrte es zurück und hing in der Mitte der unteren Empore an der Nordwand. Heute hat das Kunstwerk seinen Platz auf der gegenüberliegenden Seite.

Der am Kreuz ausgespannte Leib Christi ist etwas derb aber nicht unschön geschnitzt. Kräftig sind die Gliedmaßen des Körpers. Realistisch ist die hän-

---

1 Zur Bildhauerfamilie Böhme vgl. Siegfried Asche, Die Bildhauerfamilie Böhme aus Schneeberg, in: Jahrbuch zur Pflege der Künste, 3. Folge, Dresden 1955, S. 80-96; Mario Titze, Das barocke Schneeberg. Kunst und städtische Kultur des 17. und 18. Jahrhunderts in Sachsen, Dresden 2002, S. 97-112.
2 Joachim Menzhausen, Kulturgeschichte Sachsens, Leipzig 2007, S. 127.

gende Haltung des soeben verschiedenen Christus empfunden. Zu Füßen des Korpus befindet sich eine Platte mit der Inschrift:

„Seine liebe zu der stedte Des Hauses Gottes hat mitt Verehrung dieses KRU-ZIFIXES erweißen wollen der Hoch Adeliche Vitzthumbische und Einsiede-lische Verwalter Herr Michael Blüer, des Raths vornehmer Bürger und gast wirt hier zu Stolberg so auffgerichtet worden ANNO 1662 Den 16. Maji."

Etwa zeitgleich muß Böhme auch für die Stollberger Marienkirche eine Auf-tragsarbeit übernommen haben. Dabei handelte es sich um ein Altarkreuz, von dem heute allerdings nur noch der Sockel erhalten ist.

Überblickt man Böhmes Kunstschaffen anhand eines Verzeichnisses seiner Werke, so fällt auf, daß das Blühersche Kruzifix und das Altarkreuz in der Marienkirche zusammen mit zwei verschollenen Plastiken, einer Moses- und einer Christus-Figur für die Leipziger Nikolaikirche, die ältesten nachge-wiesenen Stücke des Schneeberger Meisters sind. Offensichtlich haben sich die Stollberger Arbeiten des damals 27jährigen Bildhauers günstig auf seine Reputation und seinen Bekanntheitsgrad ausgewirkt. Denn nun folgten in kurzen Abständen Aufträge aus Zwickau, Chemnitz und Freiberg.

Als Böhme dann 1672 das Höckner-Epitaph anfertigte, geschah dies bereits unter anderen Voraussetzungen. Nunmehr zählte der Künstler, wie bereits angedeutet, zu den namhaftesten und gefragtesten Barockbildhauern in ganz Mitteldeutschland. Daß er dennoch den neuerlichen Auftrag aus der Klein-stadt Stollberg übernahm, mag man zum einen mit der bleibenden Dank-barkeit für die einst gewährte Möglichkeit der künstlerischen Betätigung in Verbindung bringen. Zum anderen dürften aber auch enge persönliche Beziehungen zwischen Böhme und den Stollberger Geistlichen eine wich-tige Rolle gespielt haben. Besonders zu dem Diakon Tobias Landrock, der gleichzeitig Amtsprediger in der Brünloser Filialkirche war, muß ein gutes Verhältnis bestanden haben. Denn schließlich gelang es dem für das Brün-loser Baugeschehen verantwortlichen Landrock, Böhme 1669 sogar für die Fertigung eines neuen Altars in dem unauffälligen Filialkirchdorf zu enga-gieren.

Eine weitere Verbindung ist verwandtschaftlicher Art. Johann Heinrich Böh-mes Tante war die Ehefrau des Brünloser Schulmeisters Christoph Hübler (1623-1675). Sie hatte ihren Lebensmittelpunkt im Stollberger Kirchspiel, und es ist anzunehmen, daß Böhme vom nahegelegenen Schneeberg aus doch zumindest ab und zu zu Privatbesuchen in der Region weilte.

Dem Stollberger Rat mußte die Verpflichtung Böhmes für die Anfertigung des Höckner-Epitaphs sehr willkommen sein. Denn das Monument ehrte nicht allein einen großen Sohn der Stadt. Es trug auch dazu bei, ein wiedererstarktes bürgerliches Selbstbewußtsein zu demonstrieren und half, die traumatischen Ereignisse des Dreißigjährigen Krieges hinter sich zu lassen. Als Bote und Künder einer neuen Zeit ist das Höckner-Epitaph somit fest in den Kontext von Kriegsfolgenüberwindung und Wiederaufbau eingebunden.

Das Höckner-Epitaph in seiner künstlerischen Gestalt

Auch wenn heute nur noch Reste des ursprünglichen Epitaphs vorhanden sind, so besteht keine Schwierigkeit, das Kunstwerk Johann Heinrich Böhme d. Ä. zuzuordnen. Erhalten haben sich bis heute im ganzen sechs Stücke: eine Christusfigur mit dem Kreuz, das Stifterehepaar Johann Ernst Höckner und seine Frau Magdalena, zwei stehende trauernde Kinder (Putten) und eine Kartusche mit einem flammenden Herzen, gewelltem Schriftband („Ecce Homo"), Palmwedeln und ursprünglich seitlich schwebenden Engeln.
Diese Fragmente erlauben keine zweifelsfreie Rekonstruktion des ursprünglichen Aussehens des Höckner-Epitaphs. Durch Vergleich mit ähnlichen Arbeiten Böhmes, insbesondere des Epitaphs Hahn-Decker[3], hat Siegfried Asche vermutet, daß die beinahe überlebensgroße Christusfigur einst vor einer flachen Architektur stand, über deren Bogenabschluß das auf einer Kugel sitzende (Christ?)Kind saß. Seitlich unter der Mittelarchitektur könnte das Stifterehepaar einzuordnen sein, dazwischen die Schrifttafel. Der ursprüngliche Platz der Kartusche blieb jedoch unklar.[4]
Umso deutlicher repräsentieren die erhaltenen Einzelfiguren die wesentlichen Stilelemente, die Johann Heinrich Böhmes Kunstschaffen unverwechselbar machen. Charakteristisch für Böhme sind sein ausgeprägter Porträtrealismus und die Monumentalisierung der Einzelfigur. Diese wird als Freifigur zum alleinigen Ausdrucksträger. Für das bei Böhmes Epitaphien stets wiederkehrende Motiv der „ewigen Anbetung"[5] ist die Höckner-Figur ein exzellentes Beispiel. Sowohl Höckner selbst als auch seine Frau sind in zeitüblicher vornehmer Tracht kniend und in tiefer Anbetung dargestellt. Reglos verharrend, mit gefalteten Händen stumm zu Christus aufblickend, verrät ihre Körperhaltung doch große innere Bewegtheit.

---

3 Die Benennung dieses Epitaphs in der Zwickauer Marienkirche erfolgte nach den Stifterfiguren Johann Decker und seiner Ehefrau Margarethe verw. Hahn.
4 Siegfried Asche, Drei Bildhauerfamilien an der Elbe, Wien/Wiesbaden 1961, S. 151.
5 Titze, Schneeberg, S. 103.

Meisterhaft hat es der Künstler verstanden, barockes Lebensgefühl darzustellen. Einerseits trägt das Stifterehepaar erkennbar diesseitige Züge. Walther Schurig hat diese 1933 so beschrieben: *„ (Es) ist dieser Bürgermeister ein Mann, der in die Welt paßt. Er weiß, was seinem Stand ziemt. Vornehm ist seine Kleidung und wohlgepflegt sein Haar. Von edlem und reinem Charakter zeugt die kühn geformte Nase, auf Mut und Entschlossenheit deutet der feste, etwas gekniffene Mund. "* Und über die Frauenfigur urteilt Schurig: *„ Wir sehen die weit vorgeschobene Unterlippe und wissen, daß wir es mit einer Frau von starkem Sinn und festem Willen zu tun haben. "*[6] Aber dann ist neben aller Verwurzelung im wahren Leben eben auch ein starker Zug innerlicher Entsagung des Irdischen erkennbar. Die tiefes Gottvertrauen zeigenden Gesichter schauen auf zu Christus. Blick und Körperhaltung verraten inbrünstiges Streben nach oben, zum ideellen Zentrum der Komposition.

Höckner und Ehefrau

---

6   Schurig, Marienkirche, (ohne Seitenzählung).

Die dort platzierte Christusfigur hat Walther Schurig wie folgt charakterisiert: *„Stärksten Ausdruck hat der Künstler diesem Christus verliehen. Das wellige Haar fällt merkwürdig auf die eine Schulter. Eine naturalistisch nachgebildete Dornenkrone drückt die hohe, edle Stirn, und Blut rieselt über die Schläfe. Mannhaft und energisch ist die Nase gebildet. Die Augen stehen stark nach außen und geben dem Gesicht einen schmerzlichen Ausdruck. Die hochgezogenen Augenbrauen unterstreichen sehr diesen Leidenszug. Der geöffnete, redende Mund erzählt [...] von überstandener Pein".*[7] Dieser Christusdarstellung korrespondiert das von Engeln getragene Schriftband „Ecce Homo".

Das Motiv der Trauer über das Ableben des verdienstvollen Johann Ernst Höckner kommt bei der Darstellung der Putten zum Ausdruck. Tränenerfüllt wohnen sie der Anbetungsszene bei. Eines der Kinder führt verzweiflungsvoll ein umgehängtes Tuch zum Mund. Ursprünglich müssen vier derartige Putten vorhanden gewesen sein. Bei der Höckner-Gruppe verblieben zwei. Ein weiterer Putto befand sich lange Zeit im Landesamt für Denkmalpflege in Dresden, der vierte gilt als verschollen.

Gloriole

Putto

Christusfigur

Alle Figuren sind von Johann Heinrich Böhme d. Ä. in Lindenholz geschnitzt und bemalt worden, wobei die Gewänder der Stifter schwarz, die Untergewänder weiß gefaßt waren. Alle Hautpartien erschienen naturalistisch rosa, die Ornamentik war vergoldet. Seinen ursprünglichen Platz fand das Höckner-Epitaph an einer Emporenbrüstung. Dort zierte es die Jakobikirche allerdings nur bis 1840. Anläßlich einer Erneuerung des Gotteshauses entfernte man das Denkmal in jenem Jahr von seinem Platz und deponierte es auf dem Kirchenboden. Um die Figuren dennoch haltbar zu machen, wurden sie geschwärzt und später in Bienenwachs getaucht. Bei neuerlichen Renovierungsarbeiten wiederentdeckt, erfolgte 1907 die Verleihung des Kunstwerkes an ein Dresdner Museum. 1917 holte man es wieder zurück und stellte es in der Marienkirche auf. Daß es die Zeit überdauert hat, ist nicht zuletzt dem schon mehrfach genannten Oberschullehrer und Denkmalpfleger Walther Schurig zu verdanken, der 1933 eine ausführliche Dokumentation und Beschreibung der Figuren herausgab. Er war es auch, der die mittlerweile recht verwahrlosten Figuren um 1960 davor schützte, zu Brennholz verarbeitet zu werden. Allerdings konnte auch Schurig damals keine Restaurierung erwirken, so daß das sakrale Kleinod ein weiteres Mal für Jahre in Vergessenheit geriet.

Erst in der Nachwendezeit ist der kulturgeschichtliche Wert des Höckner-Epitaphs von einer breiteren Öffentlichkeit erkannt und der Weg zur Restaurierung nach denkmalpflegerischen Gesichtspunkten beschritten worden. Eine nicht unerhebliche Rolle spielte dabei das Engagement des damaligen Stollberger Superintendenten Johannes Schädlich (Amtszeit 1992-2008) und des Kirchenvorstands der St. Jakobi-Gemeinde. Vor einer Restaurierung mußte freilich bedacht werden, in welcher Form die erhaltenen Stücke des Epitaphs arrangiert und wo sie der Öffentlichkeit zugänglich gemacht werden sollten. Das Ergebnis dieser Überlegungen zeigt sich dem Besucher der Jakobikirche heute an der Südostwand des Kirchenschiffes neben dem sogenannten Frauentor. Dort haben die Figuren ihren neuen Platz gefunden. Sie werden mit Recht als „Höckner-Gruppe" bezeichnet, da sie nur Fragmente des einstigen Epitaphs darstellen.

Die Restaurierung selbst ist von dem Wickersdorfer Restaurator Thomas Heinicke schrittweise durchgeführt worden. Pünktlich zu den Feierlichkeiten anläßlich des 350. Kirchweihjubiläums im Oktober 2009 kehrte die letzte Figur der Höckner-Gruppe nach Stollberg zurück.

7   Ebenda.

Verzeichnis der Abkürzungen

Aufl	Auflage
begr.	begraben
Bd.	Band
Bl.	Blatt
f. ff.	folgend (e)
Hg.	Herausgeber
KA	Kreisarchiv
S.	Seite
StA	Staatsarchiv
vgl.	vergleiche

Zeichenerklärung

*	geboren
~	getauft
†	gestorben
oo	verheiratet

Die Autoren

Gunter Lasch

geboren 1943, lebt in Brünlos/Erzgebirge, Dipl.-Ing. in textiler Industrieforschung, zuletzt Bauleitplanung und Wirtschaftsförderung in der Stadt Stollberg, Heimatforscher mit den Schwerpunkten Ortsgeschichte, Familienforschung, regionale Kirchengeschichte, sakrale Kunst und Architektur, dazu mehrere Veröffentlichungen

Michael Wetzel

geboren 1975, lebt in Zwönitz, Historiker, Theologe, Dr. phil., Forschungen zur sächsischen Landes- und Kirchengeschichte des 16. bis 19. Jahrhunderts, zahlreiche Veröffentlichungen zur Geschichte der Schönburgischen Herrschaften und zur Kirchengeschichte des Erzgebirges

---

Impressum

Herausgeber: Evangelisch-lutherische St.-Jakobi-Kirchgemeinde Stollberg
Pfarrstraße 3, 09366 Stollberg,
Tel.: 037296-7070, Fax: 037296-70719
kg.stollberg@vkls.de, www.kirche-stollberg.de
Stadtverwaltung Stollberg
Hauptmarkt 1, 09366 Stollberg

Gesamtherstellung: Druckerei & Verlag Mike Rockstroh
Schneeberger Straße 91, 08280 Aue

Bildnachweis:
Gunter Lasch (28), Michael Wetzel (14), Katja Wetzel (5), Ulrich Höckner (3), Matthias Haase (1), Jürgen Richter (1), Herzog-August-Bibliothek Wolfenbüttel (1).